世界高端文化珍藏图鉴大系

异彩纷呈

杂项收藏与鉴赏

MISCELLANEOUS

玮　珏／编著

新世界出版社

图书在版编目（CIP）数据

异彩纷呈：杂项收藏与鉴赏 / 玮珏编著 . -- 北京：新世界出版社，2014.12

ISBN 978-7-5104-5200-0

Ⅰ . ①异… Ⅱ . ①玮… Ⅲ . ①历史文物 – 收藏 – 中国 ②历史文物 – 鉴赏 – 中国 Ⅳ . ① K87 ② G894

中国版本图书馆 CIP 数据核字（2014）第 257775 号

异彩纷呈：杂项收藏与鉴赏

作　　者：玮　珏
责任编辑：杜　力
责任印制：李一鸣　王丙杰
出版发行：新世界出版社
社　　址：北京西城区百万庄大街 24 号（100037）
发 行 部：（010）6899 5968　（010）6899 8705（传真）
总 编 室：（010）6899 5424　（010）6832 6679（传真）
http：//www.nwp.cn
http：//www.newworld-press.com
版 权 部：+8610 6899 6306
版权部电子信箱：frank@nwp.com.cn
印　　刷：山东鸿杰印务集团有限公司
经　　销：新华书店
开　　本：710 × 1000　1/16
字　　数：230 千字
印　　张：16
版　　次：2015 年 1 月第 1 版　2015 年 1 月第 1 次印刷
书　　号：ISBN 978-7-5104-5200-0
定　　价：88.00 元

preface 前言

中国艺术品是中华民族历史文化的载体，是文明的缩影、历史的语言。人们对艺术的偏爱和追求逐渐演化成对艺术品的收集与欣赏。早在三国时期，人们就已经开始收藏自己喜好的艺术品，到明清时期更是兴盛，遗风延留至今。今天，收藏中国艺术品，一方面可以品味中华古文明的厚重和博大，另一方面也是很好的投资理财行为。

放眼今日之艺术品市场，历代名瓷、玉器、佛造像、书画、家具等都很引人关注，艺术价值高、传承有序的精品更是收藏界的至爱。艺术品收藏，作为一种爱好，能陶冶情操，增长见识。中国传统工艺品题材广泛、门类繁多、形式多样，反映了中华民族各阶段、各地域的不同文化传统和习俗。传统工艺品的收藏虽然不像书画、陶瓷、玉器等那样气势宏伟，但确实是走进民间艺术的鲜活收藏。无论是竹木牙角雕，还是文房用具，都易于把玩，且能给收藏者带来无尽的乐趣。

为了有助于广大收藏爱好者、艺术品投资者提升杂项鉴赏水平，掌握杂项鉴别方法、收藏眼力、市场行情等方面的知识，本书深入浅出地进行了介绍，并配以图片的鉴赏，引领读者进入异彩纷呈的杂项世界。

本书将杂项收藏的专业知识和图片结合，让读者在系统了解专业知识的同时，还可在图片中找到收藏的乐趣。全书共分为七章，分别讲述了竹木牙角雕，绣品，漆器，珐琅、料器、琉璃，文房四宝，鼻烟壶，以及琐碎杂项。全书体例新颖，语言简练，通俗易懂，图文并茂，生动形象。尤以历代珍品为佐证，读者会在不经意间充分领略到杂项收藏的独特魅力。

preface

前言

Contents

目录

第一章 妙趣横生的竹木牙角雕

目录

第二章 巧夺天工的纺织品

第三章 曲水流觞的漆器

Contents

第四章 眼花缭乱的珐琅、料器、琉璃

第五章 潜藏光辉的文房四宝

目录

第六章 珍玩掌中的鼻烟壶

第七章 多姿多彩的琐碎杂项

第一章

妙趣横生的竹木牙角雕

竹、木、牙、角器属于中国古代艺术品中的杂项，在古玩收藏中也占有很大的比重。近几年来，竹、木、牙、角器在拍卖中的数量不断增多，渐渐与瓷、玉、书画等相媲美。

竹雕的起源与发展

《孙子兵法》竹书

明竹雕梅花元宝杯

竹雕，也称为竹刻，是在竹制的器物上雕刻各种图案和文字，或是用竹根雕刻成各种摆设物品。中国最早使用竹制品，而竹雕作为一种艺术，历史悠久，深受人们的喜爱。

早在发明纸墨笔砚之前，人们就已经开始在竹子上刻字记事，这是最原始的竹雕。作为一种正式作品，竹雕到西周时期才形成。当时的竹雕形式简单，都是一些实用的竹简和笔筒，并没有秀美的图案。直到宋代，中国的竹雕出现了一些重大的变化。宋代的文人士大夫阶层对艺术审美有很高的要求，另外当时出现了一些比较有名的竹雕艺术家，所以竹雕才开始被世人注意。到了明清时期，竹雕技术更加精湛，是空前的鼎盛时期。随着文人雅士对竹的欣赏和以竹为题的诗词兴盛，竹雕艺术得以发扬光大。鸦片战争以后，世道衰落，竹雕也跟着凋零。竹雕不易保存，远古时期的竹刻留存至今的很少，现在市场上的古代竹雕大多属明清时期。

竹雕的流派

明清时期竹雕技术已经到了登峰造极的地步，社会上出现了越来越多的竹雕艺人。当时盛产竹子的江南嘉定和金陵，成为明清时期竹雕艺术的两大中心。从明代中期开始，竹雕艺术日益繁荣，慢慢形成了一些流派，其中以“嘉定派”和“金陵派”最为人们喜爱。

嘉定派竹雕

麻姑献寿

西泠拍卖五周年庆：“梵云雅集”文房古玩专场。成交价：280000元。此竹雕收录于王世襄著《嘉定竹刻博物馆》。以竹整雕麻姑献寿，麻姑发髻高挽，手抱酒瓶，面容姣好，面带微笑，其下一童子手捧酒具，另一童子手捧仙桃，似在等待麻姑倒酒后将之献于王母娘娘。此摆件构造饱满，造型生动，其人物均笑容可掬，令观者心情也骤然疏朗。且包浆丰厚，足见当年主人爱护之心，是一件保存十分完整的清代竹雕精品。

嘉定派笔筒

清嘉定派笔筒

明末嘉定派竹雕

嘉定派

嘉定派最早的创始人是朱鹤。朱鹤的雕刻技术最为精湛，他是嘉定人，以他为首形成了嘉定派，代代有传人。当时的嘉定堪称中国竹刻艺术之都，从明正德到清嘉庆，根据《竹人录》记载，嘉定竹雕艺人约有 67 人之多。明代嘉定竹刻，最著名的是朱鹤祖孙三代，继承者有秦一爵、沈汉川、沈兼。

嘉定派讲究的是“深刻”与“透雕”。在竹雕工艺中将南宗画派的手法融入北宗画派风格的雕刻之中，擅长使用深刻、圆雕等手法。在雕刻时用刀如运笔，生动有力，人物神态亲切自然。

清康雍乾嘉时期，嘉定派走向鼎盛时期，嘉定也被称为“竹刻之乡”。但是风格渐渐趋向浮雕与平刻，而透雕和圆雕技法不再被普遍使用。其中较为有名的竹雕家有吴之璠、封氏三兄弟、施天章等，他们的作品和技术都有一定的代表性，对后世影响深远。

嘉定派重要代表人物

朱松龄，名鹤，字子鸣，明正德、嘉靖年间人，祖籍新安。宋建炎年间祖上移居到华亭，然后繁衍子嗣，成为嘉定人。他擅长书法、篆刻，以及雕刻镂空图案。他所雕刻的笔筒、杯、香筒、罍等器皿都是传世之作，其中簪子等配饰更是有名。现在很少看见他的作品，他的“松鹤图竹雕笔筒”是留存至今的罕见之物。

朱松龄松鹤图竹雕笔筒

现藏于南京博物院。笔筒造型生动，雕刻精细。器顶、器背以及底部均着意处理，品质很高。

朱小松，名缨，字清甫，朱松龄之子。他的竹雕特色是形象生动活泼，技法以平刻、浮雕、透雕为主。他的传世作品有“浮雕陶渊明归去来辞图笔筒”“透雕刘阮入天台香筒”等。

朱小松竹雕松鼠纹盒

现藏于首都博物馆，明代作品。高3.5cm，口径8.3cm。此器取竹节雕松树虬枝，盒盖、盒身用深、浅浮雕和透雕技法刻出松枝穿插，疏旷处则浅刻树皮瘿瘤。松针如轮，重重叠叠间有三只跳跃的小松鼠。整个作品形成繁简、动静的对比，显得张弛有度，富于节奏。盒身下部有“小松”款。

朱三松人物竹雕笔筒

笔筒裁竹而成，圆筒状，平口，直壁。色褐中泛红，质坚硬、细腻。笔筒通体浮雕人物图，分别为松下抚琴图、庭院读书图、河堤闲逸图，人物细腻生动，竹楼阁更是采用了透雕，极为难得。筒身下部一侧有“朱三松”行书款。

朱三松，名稚徵，号三松，是朱小松次子。他在刻竹技术上克承家学、造诣颇深，在技法表现上也有许多创造，大多以文学作品为题材，所雕刻的景物和人物逼真，各种器皿无不涉及。他的传世作品有竹根雕“残荷笔洗”和“窥简图笔筒”。嘉定派竹雕到朱三松时已是声名远扬，有很多拜师学艺者，学有成就者有沈禹川、秦一爵、沈汉川、沈兼。

吴之璠，嘉定人，字鲁珍，号东海道人。清康熙年间的书画家、竹刻家，是朱三松之后嘉定竹雕第一高手。他传承了嘉定三朱的高浮雕传统，又利用竹材特性，以微凸的浅浮雕技法雕出纹饰主题，留出大片空白另刻诗文以作衬托。金元钰称这种技法为“薄地阳文”。从他众多的传世作品来看，他的确是一位杰出的竹雕艺术家。

吴之璠竹雕笔筒

此笔筒以一节南竹为材。规格适中，形制规整。用剔地浮雕技法雕刻竹林高士图。三位高士坐于深山竹篁中，谈玄论道。旁有画案，上陈书函、笔筒等文房用品。另有两仆人正在烹茗煮茶。有吴之璠之名款。包浆沉厚古雅。

方絜作品

此作品乃清代名家金陵派方絜所制，浮雕山水人物图，雕工一流，是一件非常难得的藏品。

金陵派作品

此作品充分显示了金陵派的特点，线条自然流畅，刻法虽浅但人物表情生动，点面俱全。

金陵派

明代中期，竹刻艺术家濮澄在制作风格上与嘉定派“高、深、透”的风格不同，又因他住在金陵，遂成金陵派。

金陵派的竹雕艺术不讲究精雕细琢，而是依照材料的天然形态，在自然的条纹中稍加凿磨。金陵派在技法上主要使用的是“浅刻”。这种刻法不仅有线，也有面，刻出的景物可以突出书画的笔墨情趣。

金陵派重要代表人物

濮澄，金陵派创始人，字仲谦，主要活动于明万历至崇祯时期，是当时著名的镂刻名家。他最喜欢用盘根错节的竹根，选取其中有自然形状和一定特征的，然后用简单的浅刻刀法，根据竹本身的自然特性，稍微加以雕刻便成。他用“水磨器”刻制的扇骨、酒杯、笔筒、臂搁等器物，妙绝一时，受到世人的喜爱。

方絜，字矩平，号治庵，浙江黄岩人。他的竹雕人称“方竹”。方絜最擅长的是用阳文浅浮雕法把人物肖像雕刻在竹臂搁和竹黄工艺品上。他用陷地浅浮雕法雕刻人物面部，用阴刻手法雕刻其余部分，两种方法配合得天衣无缝，被人称为绝艺。

濮澄竹雕笔筒

金陵派笔筒

竹雕芭蕉亭（局部）

李耀，字文甫，金陵人，活动于明嘉靖、隆庆时期。《竹个丛钞》中记载此人善于雕刻扇骨。他所雕刻的花草景象玲珑剔透，精雅别致。他还擅长象牙等材料的篆刻。

明清竹刻名家的竹刻技艺

清竹雕观音

明清时期是竹刻的兴盛时期，各个艺术家也是各有特点，各有所长。从雕刻的技法上看有高浮雕、浅浮雕等，在题材和品种上也是各有千秋。

清竹雕弥勒

浅刻或略旋刀凿之刻法

这种刀法是金陵派创始人濮澄所创。这种刀法最大限度地保留了竹子本身的纹理，所讲究的正是众多文人所崇尚的自然天成。潘西凤刻竹也用此法。

深刻浮雕和圆雕

这种雕刻手法的创始人是朱松龄。到清嘉庆年间，蔡时敏还运用此种技法雕刻立体竹雕。后来因为各种原因嘉定派渐渐较少使用此法。

朱三松圆雕渔翁

留　青

这种技法相传由明末张希黄所创。留青，也称平雕，就是在竹子表面一层薄薄的青皮上雕刻各种图案，然后再将图案以外的竹青铲除，露出竹青下面的竹肌。这种手法雕刻的笔筒、臂搁、匣盒、扇骨等器物色泽莹润，时间越长，其表面愈加光滑，图案也愈加清晰。因为这种技法具有很强的艺术表达能力，因此继承的人比较多。留青竹刻是“常州三宝”之一。清嘉庆、道光年间的尚勋就是留青技法的高手。

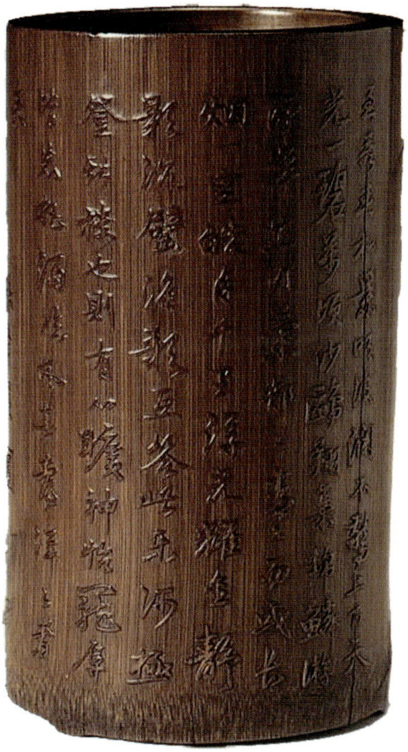

张希黄竹雕笔筒

薄地阳文

薄地阳文是浅浮雕的一种，主要有两种不同的表现手法：一种是利用景物之间的遮盖和叠压巧妙地分出空间上的远近距离，以有限的厚度表现出透视深度。另一种是以小面积的精镂细刻的纹样来对比大面积的光素竹丝地，使其达到相映生色的效果。所以有人对这种竹刻评价为“精细得神”。此种手法为吴之璠所创，继承这种手法的人有他的女婿朱文友、邻居王之羽。

兰花纹手牌

清早期竹雕笔筒

清慎斋款竹雕随形笔筒

高 10.8cm，直径 12.1cm。这是一件颇为精致的竹刻笔筒，天然的造型就很引人喜爱。其上密布各种优雅的诗文。笔筒上多处留款“慎齋”。笔筒下方以冰棱纹门窗的形式浮雕“闲情偶寄”四字。

以南宗画法入竹刻

清朝初期，吴之璠所刻的山水人物成为北宗画派竹雕风格的代表。而南宗则长于对人物、花鸟、山水等的文人式表现。清朝初期，南宗山水成为正统。在当时有一定影响的画家周颢，以自己的画为基础，将画刻在竹上，其用刀如用笔，以阴刻为主，讲究皴法浓淡坳突，刀痕麻利干净。虽是南宗皴法，但有着斧劈皴的意趣，所以有合南北宗为一体的美誉，使其成为竹雕名家。这种雕刻手法对后世产生了很大的影响。

周颢的侄子周笠，也是画家出身，在竹刻作品中也展露了自己的功底，与周颢的名气不相上下，被人称为“槎南二周”。严煜在老师周颢的传授下也成为有名的竹刻艺人。

刻竹章

竹根雕印章

以竹根为原料来雕刻印章，最有名的就是嘉定的杨褒父子。杨褒，字圣荣，号古林，因家境贫寒只能依靠卖竹章来生存。竹章易于携带，其做工精巧、别致，所以受到很多人的喜爱。杨褒的儿子子承父业，发扬了父亲刻竹章的技艺。

除了杨氏父子以外，还有很多有名的竹章雕刻家，如清乾隆年间的乔林父子，嘉庆年间的潘西凤，光绪年间的汪敏孚等。

邓渭石榴诗文笔筒

刻书法

很早以前就有人在竹面上刻字了，可以说竹刻书法历史悠久。战国时期就有《孙子兵法》等刻在竹面上。而《竹人录》中认为王永芳是最早专门在竹面上刻字的名家。

刘起，嘉定人，字韩抒，号昌复。清雍正十年在“成均”学习，以王羲之的书法为榜样，善于在竹面上刻字，其行草秀美、飘逸、洒脱。

邓渭，字德璜，号云樵，活动于清乾隆年间，是邓士杰的儿子、邓孚嘉的侄子，善于在竹面上雕刻书法，是当时行楷雕刻最佳者。

兰亭序笔筒

清竹雕竹林七贤笔筒（王梅邻款）

邓孚嘉竹雕陶渊明赏菊

周锷，字剑堂，嘉定人，最擅长的是雕刻小字。其雕刻精致、清晰，在扇边上所刻的字细小如蚊，而且层次分布井然有序。

王梅邻，字茂林，王兄从之子，嘉定人，活动于清嘉庆、道光年间，以精刻小楷字著称，风格为薄地阳文。其作品工细清雅，传世品有“神骏图笔筒”“扇形笔筒”“秋声赋笔筒”“兰亭序笔筒”等。

于硕，字啸轩，扬州人，清光绪年间微刻名家。他所刻的扇骨字小如芥子，在扇边上能刻三四十行小行楷。

刻折枝花

刻折枝花中最有名的是邓孚嘉。邓孚嘉，字用吉，祖籍福建，一直居住在嘉定，活动于清康熙至乾隆年间，其竹刻技法继承和发展了嘉定风格。他所刻的折枝花是最精妙的，笔法直起直落，重花叠叶，薄似轻云，而映带回环，秀媚精雅。今传世竹刻不多见，上海博物馆收藏有其“用吉”款“竹雕陶渊明赏菊”圆雕作品。

清中期竹雕老子出关

刻肖像

以肖像为题材的竹刻作品在清中期开始流行。而雕刻肖像最有名的是方絜。他精于铁笔，其刻竹技术在当时可以说是无人能比。有很多名人都请他雕刻过肖像，他所雕刻的肖像栩栩如生。其独特刻法为陷地浅刻。

明清竹雕的鉴别

明清时期，中国小件雕刻艺术品达到高峰，出现了不少珍品，有的构思奇妙，有的刀法老练、娴熟，有的刻画传神……这些小件雕刻工艺品的特色是易于把玩。而要鉴别明清时期的竹雕，可以从以下几个方面进行：

（1）要看竹刻器物的工艺水平。竹刻的材料普通，

明竹雕铁拐李

本身并没有什么价值，一件竹雕是否有价值首先要看是不是出自名家之手。但要注意有一些竹刻名家并没有在自己的作品上镌刻名款。当遇到一些做工精致的竹雕时，不要因为只考虑是否出自名家而错过好的机会。

（2）要看竹刻器物是否保存完整。竹刻器物的品相是很重要的，因为整体的品相才能显现出竹刻技术的精湛。而竹子本身不易保存，所以那些品相不好的，甚至已经朽坏的器物收藏价值就不大了。

明竹雕长眉罗汉

长眉罗汉是十八罗汉中的第十五位，是佛的侍者，传说出生时就有两条长眉，因此得名。此作品雕工细致、栩栩如生、保存完整，是件难得的藏品。

清竹雕佛手杯

清末民国初竹雕笔筒
高 17.5cm，直径 11.7cm。此作品以亭台楼阁为主题，山水人物为依托。整体布局巧妙，构思独特，雕工精湛，是典型的名家竹雕风格。

清竹雕香炉（高 13cm，宽 12cm）

（3）要看竹刻器物的年代。一般情况下，明清时期的竹刻是值得收藏的。因为当时的竹雕艺术刀法讲究，技术上精雕细刻，且注重构图的文人性。到了清嘉庆、道光年间，深刻、圆雕渐渐衰退，文人艺术家渐渐摒弃深浮雕，而喜欢在竹器的表面上做浅浅的雕镂；特别是圆雕竹刻，基本上不做了，即便有，也多是当时工匠的仿制品。

（4）不管什么时候，文人竹刻名家的作品始终支撑竹刻器物的高端价格，工匠的制品相对来说价格要低很多。艺术品和工匠的制品是有很大的艺术差距的，所以，这两种竹刻器物有很大的价格区别。

朱松龄松竹鹤纹笔筒
此笔筒出自朱松龄之手，是难得一见的名品。作品刻工精湛，技法高超。

木雕的起源与发展

木雕是在各种木料或树根上雕刻各类图案，使其成为工艺品或实用器皿。木雕艺术有着悠久的历史，在中国原始社会时期就已出现，各个历史阶段都有发展。先秦时期，施彩木雕的出现，标志着古代木雕工艺已达到相当高的水平。秦汉两代的木雕工艺已经成熟，其髹漆和雕刻技术也是精致美妙。到了唐代，各种工艺技术大放光彩，木雕也在其中。其刀法更加熟练、流畅，线条清晰明快，一直都是海内外收藏家的“宠儿”。木雕艺术达到辉煌灿烂是在明清时期。当时的木雕题材多样，有各种民间故事和生活风俗等。

清王翚款黄杨木雕笔筒

沉思罗汉

木雕的分类

木雕种类繁多，各大流派经过几百年的发展，也形成了自己独特的风格。其中浙江的东阳木雕，图案优美、结构精巧；乐清黄杨木雕在清代后期成为民间著名工艺品之一，以雕刻小型黄杨木陈设品闻名中外。

从木雕的材质来说，种类也是数不胜数，有花梨木、紫檀、楠木、乌木、黄杨木、樟木、桦木等。尤以黄杨木、沉香木、紫檀等最适合做木雕。

清孝子木雕

红花梨雕狗

地域分类

东阳木雕

浙江东阳是木雕的传统产地，被称为“雕花之乡”。东阳木雕始创于唐代，而到了明清两代才逐渐形成完整的艺术风格。东阳木雕在选材上以历史故事和民间传说为主，在图案设计上多采用中国传统的白描技巧，在艺术手法上表现的是层次分明的透视效果，在雕刻技法上以浮雕为主，结合运用“深镂空雕”“透空双面雕”“半圆雕”“三面雕”“阴雕”“树根雕”“彩木镶嵌雕”“镂空贴花雕”等十多种手法。

东阳木雕

东阳木雕的图案变化多端，“满花”中穿插人物、山水、花鸟、走兽等丰富的雕饰，配以分明的层次，运用中国传统绘画的散点透视或鸟瞰透视为构图特点，使整个作品在有限的平面和空间范围内，表现出比西洋浮雕还要丰富的内容。

东阳木雕的雕刻技法精致、洗练，玲珑剔透而不伤整体并且牢固。例如“透空双面雕”，它是用正反两面的雕刻技术在被“穿花锯空”的木料上雕刻的技法。这种雕刻技法，使图案更完整，且不伤及整个艺术效果和牢固感，结构严密，透空透风，坚固耐用，常用于房屋挂廊、门窗、宫灯、屏风、柜架上的雕饰。

东阳人物木雕

潮州金漆木雕

金漆木雕在很早以前是一种建筑装饰艺术，后来流传到南方，具有了一些地方特色，逐渐形成一种流派。广州和潮州两个地方最常见，但因为潮州所产较为著名，所以一直被称为潮州金漆木雕。

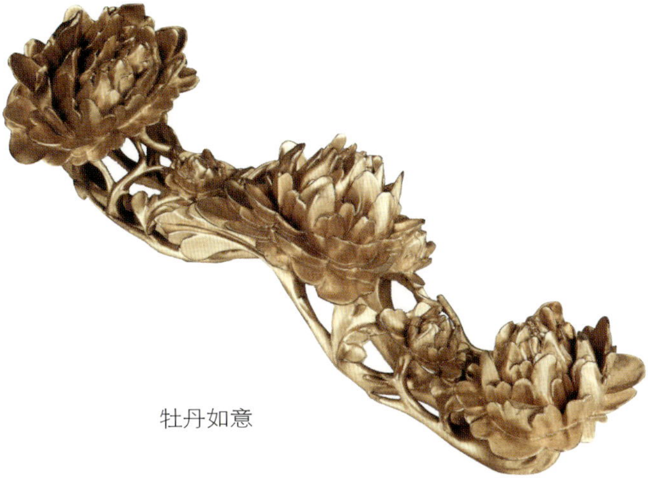

牡丹如意

潮州金漆木雕是在木料的基础上加以生漆和金箔，使其作品耀眼夺目、玲珑剔透。潮州金漆木雕的题材主要是《三国演义》《水浒传》的情节，“二十四孝”和一些民间故事，材料多是樟木或杉木，雕刻技法多为浮雕、沉雕和通雕等。

清潮州金漆木雕人物花鸟图炮斗

潮州金漆木雕中的大件采用的大多是杉木，而制作家具多用樟木。因为樟木质地不是很坚密，雕刻家在雕刻的时候多利用它的韧性和易于下刀的特点，将作品刻得层次分明，把复杂的故事综合在一个画面上，然后髹漆贴金，这样就形成了多层镂通、剔透玲珑、金碧辉煌的作品。

潮州金漆木雕的历史可以追溯到明代，潮州开元寺在明代重修的建筑装饰金漆木雕和神龛的金漆木雕就证实了这一点。根据史料记载，明代的潮州金漆木雕已经很是繁盛，最发达的地区是潮安、潮阳、普宁、澄海等地。

宁波朱金木雕

朱金木雕是经过彩绘再贴金的木雕工艺，距今大约有一千余年历史。汉唐以来，随着木结构建筑的发展，产生了彩漆和贴金并用的装饰建筑木雕。朱金木雕是江南传统木雕的重要流派之一，它的特色是造型古拙生动，刀法浑厚，金彩相间。

民间有一句话是“三分雕刻七分漆匠”，说的是木雕最重要的不是雕工而是漆艺，要依靠上漆来取得完美的装饰效果。朱金木雕很讲究漆工的刮填、修磨、描花、贴金、上彩等技艺。

朱金木雕所雕刻的主要器皿是民间生活用物，如佛像、家具等，而最出名的则是宁波“万工轿”和“千工床”，还有用于赛会、灯会的鼓亭、木船、台阁等，件件都可以说是绝佳之品。

朱金木雕的题材，清末到民国时期采用的大都是京剧人物，人们称之为“京班体”。在布局和画面上讲究的是前景不挡后景，近景、中景、后景处在一条水平线上。人物造型采用夸张的手法，有意使人体的比例不协调，如老爷肚子大，武士昂首挺胸，女子没有肩膀。这种夸张而有趣的变形手法使朱金木雕更具有民俗性，民间嫁娶、节日等场合都有朱金木雕出现。

朱金木雕

朱金木雕轿

清乾隆朱金木雕菩萨

苏州小件木雕

苏州小件木雕有红木小件、黄杨木雕、竹雕、檀香木雕几种，均造型精巧、打磨细致、色泽光润、美观耐用。

根据史料记载，苏州小件木雕始创于唐代后期。明代后期，苏州成为“苏作”硬木家具的主要产地。到了清朝，康熙、乾隆多次下江南，地方上将红木器用作行宫内陈设或作为贡品，红木器开始兴盛。苏州小件木雕的真正兴盛也是在清康雍乾时期。当时在苏州城内大约有六十多家制作红木器的作坊，产生了很多木雕名家。

民国红木雕像

天津木雕

天津木雕早在清乾隆年间就已经名扬天下，其中最为出名的是房、云、赵三家。天津木雕主要是建筑饰物和家具，比如廊檐、炕罩、落地罩、桌几案椅及隔扇门窗等。房家擅长刻狮，云家擅长雕凤，民间有“房狮云凤”的说法。

天津木雕

天津木雕经过长时间的实践和探索，逐渐将南北特色结合，又将中国画的构图与木雕相结合，形成精美秀丽、淳朴粗犷的独有风韵。

民国时期，天津租界里大量修缮房屋，木雕业也跟着开始兴旺，除了善于使用“镂弓子”技法的方广元以外，还出现了很多著名的木雕艺人，如何万清、刘杏林等。

何万清的技艺特点是完美地结合了中国花鸟画与木雕，使天津木雕由单纯装饰的实用工艺品发展成雕刻艺术品。

刘杏林是何万清的徒弟，他 14 岁开始从师学艺，出师后在天津的工厂担任雕花教师。他擅长雕刻花鸟，刀法娴熟，作品精美，被人称为“木雕刘”。他的木雕挂屏、立屏是高档工艺品。

天津木雕摆件

材质分类

黄杨木

浙江乐清、温州是黄杨木雕的主要产地。乐清黄杨木雕由著名艺匠叶承荣首创，至今约有 180 年的历史。刚开始它只是龙灯骨架上的小佛像，发展到清末才成为正式的艺术品。晚清民国时期的黄杨木雕古朴而典雅，色泽圆润而精致，且都是小件，易于把玩，因此很受人们的喜欢。

黄杨是常绿灌木，茎高数尺，生长缓慢，俗有“千年矮”之称。优质黄杨木颜色看上去像蛋黄一样，做成的家具甚是美观。黄杨木质地坚硬致密，一般用来制作木梳及印版之类的东西，有时候也会镶嵌在其他材料内，例如桌心、柜面等。

黄杨木雕

黄杨木雕铁拐李（高 31cm）

乐清王家黄杨木雕

捉迷藏

黄杨木雕大多以历史故事、民间传说为题材，技法上多采用圆雕、镂雕、浮雕，除此以外还有一些镶嵌技巧。清末民国初时期，朱子常是黄杨木雕的大师，他的作品是人们梦寐以求的精品。他所创作的《捉迷藏》等作品在南洋劝业会、巴拿马博览会上获奖，从此黄杨木雕成为传统工艺的一朵奇葩。

楠 木

楠木又名楠树、桢楠，是樟科楠属和润楠属各树种的统称，有香楠、金丝楠、水楠等种类。属常绿乔木，成熟时高可达数十米，木材芳香，多产于贵州、四川、湖北、湖南地区，其中最好的是四川所产的楠木。

金丝楠茶海

楠木的木质坚硬，颜色为浅橙黄略灰，纹理淡雅文静，质地温润柔和，没有收缩性，下雨的时候还有阵阵幽香，是一种极高档的木材。人们认为楠木美观，常在其他的木料表层包上一层楠木。因为其外观还是不如硬木华丽，很少用来雕刻日常器皿。

在明朝，人们开始用楠木做宫殿的房梁或柱子。因为当时的大肆砍伐，再加上楠木生长周期长，楠木的价格变得昂贵。到清朝，宫殿里所用的楠木都是明朝砍伐遗存下来的。清代皇帝认为让南方采办楠木劳民伤财，不利于国家的繁荣昌盛，就将宫殿用材改为满洲黄松。所以，在北京的建筑中我们可以看到楠木和黄松两种用材。

沉香木如意

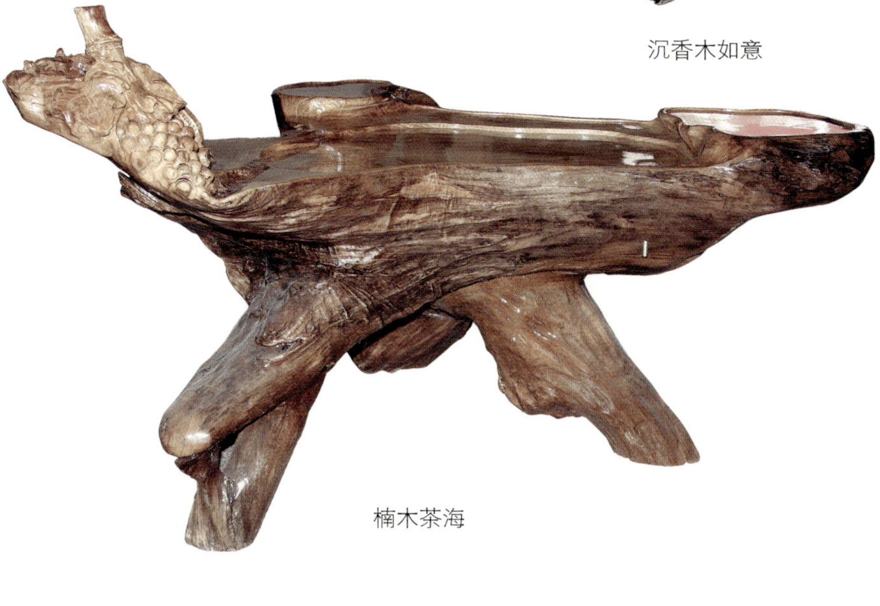

楠木茶海

沉香木

沉香木又叫“奇南香”“伽南香”，主要产地在印度和东南亚。

沉香木作为雕刻木材有久远的历史。它名贵而稀缺，制成的器具一直为帝王、士大夫或是寺院僧侣所用。流传至今的沉香木雕艺术品，在传世木雕中价值奇高。

紫檀瑞兽摆件

紫　檀

世界上最贵重的木料，大概就是紫檀。紫檀主要生长在印度、东南亚和中国的两广一带，生长缓慢，成材需要几百年。紫檀做成的家具和艺术品，纹理细密，质地坚硬，色泽黝黑光亮，华丽而不张扬。很早以前，紫檀就被视为木中极品。从明代起，紫檀广受青睐，用来制作家具、摆设品。

紫檀木雕

欧美人曾因为紫檀器物相对较大，运输不便而选择购买一些柜门、箱面、桌面上有花纹的部分，运回国后加装木框作为装饰物。现在我们在市场上看到的一些改装的紫檀器物就是当年拆卸后留下来的。

红木对狮

红　木

红木泛指质硬而重的红褐色木材，大多用来做贵重的家具。红木有新老之分。老红木颜色较深，大多呈紫红色，有的看上去和紫檀很相似，只是光泽比较暗，颜色比较浅。新红木呈黄赤色，纹理和花梨木相似。

红木古雅精致，做成的家具有很好的观赏价值。另外，明代红木家具制作时选材都是精挑细选，这也成为其极具收藏价值、价格昂贵的原因之一。

清红木云龙纹方桌

花梨木雕财富马车

草花梨整木雕柿柿如意盒（高 5cm，直径 9cm）

花梨木

花梨木质地坚硬，纹理细腻，表面滑而有光泽。明清家具中有不少造型独特、比例规矩、工艺精湛的花梨木精品。自古以来人们就很欣赏花梨木那种温和的美丽，用它创作了许多古意盎然的木雕。

厚土（乌木）

乌　木

乌木是一种热带地区的常绿乔木。叶子呈椭圆形，且平滑，花淡黄色，木质坚实，老树的木色呈纯黑色。一般用来制作筷子或烟袋，很少用来制作大件器物。单纯用乌木制作器具的情况很少，一般是镶嵌使用。

木雕的鉴别

在鉴别木雕艺术品时要注重木雕的材质和做工。相对来说，材质在鉴别中要占很大的比重。做工主要看是否出自名家或鼎盛时期。

宋自在观音

战国马俑

市面上的木雕要属紫檀木雕最为珍贵，因为本身材质就昂贵，作品又稀少难见。一般收藏紫檀木雕的人大都不愿轻易出售。要买到价钱合理且合自己心意的紫檀木雕，不是一件容易的事情。

明代的红木器物也是人们珍视的对象。流传下来的红木器物的数量相对较多，价格上大约是紫檀器物的一半。

牙角雕的起源与发展

牙角雕指的是用兽牙、兽角雕刻而成的器物，在收藏界里指的是用象牙、犀牛角雕制而成的器物。牙、角雕成的器物美轮美奂，极富艺术魅力。象牙颜色柔和、温润，呈乳白色，有很好的观赏性；犀牛角因为稀少而显得名贵。

牙角雕起源于远古时期。远古时期，中国有很多湿润多雨之地，非常适合象群繁衍生息，所以远古遗址的考古发掘中常见象牙器物。如在距今约 7000 年的河姆渡文化遗址中，就出土了十多件象牙雕制品。而犀牛角则不像象牙那样常见。

石器时代牙雕

牙角雕在商周时代就已经相当繁荣，技艺水平也达到了一定程度。唐宋时期，牙角雕技术逐渐成熟。明清时期，随着社会经济的发展，对外贸易也不断扩大，从国外进口了大量的象牙，再加上当时竹木雕刻的兴盛，牙角雕也就随之发展到黄金时期。

清象牙雕渔翁童子

渔翁笑容满面，身边带两童子，一副满载而归的景象。衣纹自然，人物造型栩栩如生，刀法婉转流畅，工艺精湛。属象牙雕上乘之作。

清晚期象牙雕麻姑献寿

利用象牙的自然形状，雕刻麻姑身披云肩彩衣，手拄花锄，身体右倾。身前一童子右手握灵芝，左手紧抓锄杆，增强整件作品的稳定感。另有一小麒麟嘴衔衣带，抬首相望。布局主次分明，雕刻线条流畅，锄杆上所系寿桃以及灵芝点明献寿主题。

牙雕负薪读书图鼻烟壶

明代的牙角雕，风格以简洁圆润为主。清代的牙角雕，风格不再单一，种类繁多，小到笔筒、香炉、扇骨，大到花卉盆景、山水人物、巨型龙舟、连幅围屏等，题材有民间风俗、传统故事、花鸟等。

明代的鲍天成、濮澄，清代的尤通、尚均等，都是精通各类雕刻的高手，尤其擅长牙角雕。

牙雕的艺术特点

牙雕是一种古老的传统艺术。象牙本身光洁如玉，而且耐用、珍贵，所以有“有机宝石”的美称。而牙雕艺术品具备象牙本身的柔润光滑，再加上精美的雕工，深受收藏家的喜爱，成为古玩中独具特色的品种。

牙雕技法从远古时期到现在有很大的发展。宋代出现了镂雕。到清代，雕刻技术更是繁多精湛，不但将浮雕和镂空雕结合，还出现了象牙编制，即将象牙劈成丝，编制成各种器物，雍正皇帝就独爱这种耗时耗钱的器物。

清乾隆时期的牙雕可以说做工最好，今天最好的牙雕秘阁或可与之一比。现在的牙雕种类繁多，笔筒、画轴、秘阁、牙牌、笔管、棋子等，应有尽有。当今的牙雕名家吴南愚、于啸轩等，能在五分方圆的象牙表面刻上一千多字，必须要用放大镜才能辨识，而且字体精美。

牙雕广寒宫

制作牙雕有设计、凿、铲、磨等工序，有的作品还在雕刻完以后过彩或熏。凿即用锯、凿子、钻等工具先琢出牙雕作品的轮廓或形状；铲即在细节部分刻画。磨的功夫使象牙光滑，充分显示出象牙的质地美。彩分为全彩和半彩，全彩即象牙全部施彩；半彩则是局部施彩，常用于制作彩头、飘带、花边等。熏的主要目的是使牙雕制品产生陈旧古朴的工艺效果。熏制牙雕主要有仿明、仿乾隆、仿出土三种。

牙雕佛龛

清牙雕观音像

新老牙雕的鉴别

明永乐牙雕宝瓶托缠枝莲饰板

牙雕的老活儿和新活儿在价值上有很大的区别。鉴别新老牙雕可以从以下几个方面进行：

一、从题材和表现手法上辨别新老。1949 年后，很长一段时期的工艺品在题材上必须要选择健康的，不带有反动、黄色、丑恶的内容和形象。所以 1949 年后的新活儿，在题材类别和表现手法上都与以前的牙雕不同。

二、从用料方法上辨别新老。旧时用珍贵原料雕刻工艺品时，有一些世代相传的传统：要保持原材料本身的重量，尽量不拼接或镶嵌；在雕刻中尽量保持原材料的最外点和最高点。可是到了1949年后就不是那么严格了，有时候为了使造型更完美，会去掉很多料或加以拼接、镶嵌。具备这种特点的大都是1949年后的新活儿。

三、从造型上辨别新老。牙雕技艺是民间传承的，其造型特点和民间艺人的审美观有很大的关系。1949年前，牙雕都是由个人或小作坊制作而成，其所做的器物主要针对当时的需求，特色是“圆乎乎”“肉乎乎”的。当时的需求

牙　雕

牙　雕

民国牙雕

者主要看重牙雕的易于把玩，所以老活儿大多是一些文玩，注重的是可观、可玩，人物、动物造型上以团状为主，没有尖锐的突出。

1949年后的牙雕大多是由小型工艺厂生产，注重较刻板的工厂式管理，在塑造上常常忽视了易把玩性的特色。近几十年来，象牙雕刻品的造型朝“显活”“显工”的方向发展得太远了。特别是在人物的造型上和古代有所差别，古代注重鲜明的装饰性，而近几十年来却讲究“解剖结构”和“鸭蛋脸”，在造型上失去了以往的特色。

犀角雕的艺术特点

鲍天成犀角雕螭虎尊

角雕所用材料主要为犀牛之角。犀角和象牙比起来更加珍贵，在古代曾与夜明珠、夜光璧相媲美。

早在远古时期，人们用动物的角来制作一些实用物品。犀角雕是很珍贵的，经常用来上贡给皇帝。明清时期，犀角雕的雕刻技术大大发展，已经不是单纯的实用物品，而出现了很多艺术品。清乾隆年间犀角雕达到了鼎盛时期。

清犀角雕仙人乘槎杯

明清时期出现了很多犀角雕艺人。明代苏州的鲍天成所制的犀角雕被誉为“吴中绝技”之一。上海博物馆藏有他制作的“犀角透雕浮槎杯”。濮澄也是一位高人，曾有人评价说凡是经过他的手的一切犀角、玉、竹、木等都会立刻大放异彩，古雅而可爱。可见其功底深厚。清康熙年间，无锡的尤通以雕刻犀角杯闻名，被人称为“尤犀杯”。

在雕刻犀角的过程中，艺人总是害怕弄坏其本身的材质，于是把犀角倒过来，正好利用它底部宽大、上端尖锐的特点制成器皿。所以犀角大都制成酒杯、酒盅、洗、盒、鼎等盛器及笔山、花篮、盆景等，

犀角透雕莲花杯

清犀角雕龙凤纹杯

偶尔也制成人物雕像。

犀角杯除了传统的人工造型，还有光素杯，即用整个犀角制成天然形杯，或用犀角零料制成单把或无把的酒杯。

清宫角杯采用的原料一般是犀角和牛角两种。其中天然形、山水形、人物形、仿古形等杯多用犀角制成，而花形杯则多用牛角制成。

犀角雕的雕刻技术以圆雕、浅浮雕、高浮雕为主，然后配以阴阳线、平凸、起突和镂空等雕刻技法。

犀角雕的鉴别

犀角自古以来就是极其贵重的药材。有人用牦牛角来冒充，经常会有人上当受骗。如今在市面上常看到的“犀角雕”器物外观华丽、雕工细致，可是还不如没有加工过的犀角贵，有人就不明白了，其实这些“犀角雕”大多是用南洋野牛的角冒充的，而不是真正的水犀牛角。南洋野牛也好，牦牛也好，其质地、纹络、大小、颜色都与犀角相似，再经染色或涂漆后呈浓深发亮的黑紫色，最后经过烫蜡来保护器表。其价值自然远远比不上真正的犀角制品。

犀角是有机物，有一定的韧性，一般不怕摔、磕碰，只有雕成工艺品后才不能摔、挤压、磕碰。

犀牛角的材质特征如下：大小在 15 到 30 厘米之间，颜色有深棕色、嫩黄色、黑褐色等几种基本色调，纹理比较粗，锯开时可以清楚地看到条丝状的纹理，在横截面上还可以看见像鱼子一般的细小颗粒，也就是“粟纹”。

我们在选择犀角雕藏品的时候要根据犀角的特征进行细致的考察，切莫一时疏忽而上当受骗。

犀角雕和合二仙

此雕像为民间传说之神。相传此二仙主婚姻和合，故亦作和合二圣，一持荷花，一捧圆盒。雕刻技术精湛，面容栩栩如生，的确是蓬头笑面之神。

清犀角雕观音

高 11.5cm。在 2011 年北京保利第 16 期精品拍卖会上估价 100000—150000 元。刻纹精美，面容悠然安详，显示出精湛的雕刻技术。

除了防止赝品以外，还要注意有关的法律规定。犀牛属于珍稀动物，很多国家已经禁止任何犀牛制品的交易。但是古代的犀角雕在法律规定的范围内还是可以放心收藏的。

清乾隆犀角雕螭龙杯

中国的丝绸文化历史悠久，古人不仅能够织出精美的绸缎，还会在绸缎上展现绣工的精湛。中国四大名绣更是源远流长。

第二章

巧夺天工的纺织品

绣品的种类

清嘉庆明黄色纱绣彩云金龙纹女夹朝袍

绣品也叫作丝绣。它最早出现于中国，早在四五千年前，古人就开始养蚕，用蚕丝织丝绣。绣品是最古老的传统民间工艺品之一。绣品可以分为锦绫、织成、缂丝、刺绣四大类。

锦　绫

锦绫是丝织物的总称，所有的罗、纱、绸、绢等丝织品都属锦绫。

发明锦绫的时间无法考证。《事物纪原》以为：“唐尧之时，海人织锦以献，后代效之，染五色丝织以为锦。”在古代文献中它把锦绫的起源推定得最为久远。

早在夏商周三代就有锦绫出现，后来经过各个朝代的发展和改变，织锦技术有了很大的进步。因

锦　绫

为其产地不同，织锦方法不同，花纹和颜色不同，在各个朝代都有不同的品种及名称。

宋锦绫

周成王时有云昆锦；周灵王时有鸾章锦。汉武帝时有绿地五色锦、五色云锦等；汉成帝时有鲛文万金锦；汉明帝时有紫鸾锦、绨锦。魏晋南北朝有云龙虬凤锦、尚方锦、武侯锦、如意虎头连璧锦、异文杂锦、朱雀锦、斑文锦、核桃文锦、凤凰锦等。隋代有立凤朱锦。唐代有冰蚕锦、浮光锦、明霞锦。宋代锦绫的品种及名称更是不胜枚举。

宋代还用锦绫来装饰拓印的书帖，在绍兴御府还用锦绫来装裱书画。宋以后，锦绫的制作沿袭前朝。当今人们所说的古锦，基本上不包括宋以后所产的。

织 成

织成和锦绫一样，所发明的时间已经无法考证。《西京杂记》中记载：“赵飞燕得有织成上襦，织成下裳。”这可能是对织成最早的历史记载。

花纹织成

曹魏时期有织成、袜帐等专门的职事。晋代织成工艺发展很快，使用范围也很广。织成上的形象也

明万历金寿织成

日益多样，有佛像、文字、山水、神仙、鸟兽等。因为用途不同，比如做流苏、青襦、袴衫等，制作的方法也不同。其质料也很丰富，比如有金簿织成、五文织成、金缕织成等。甚至还有在织成上织锦璇图诗的。

南朝用织成制作屏风、罗文锦被衾等。到了唐代，织成工艺更加娴熟，织成图案更加多样，织成制品也越来越多。有背子、蛟龙袄、衲袈裟、褥段等，还有像《兰亭序》之类的文字织成。织成的繁盛时期是宋代。到了宋代，刺绣工艺突飞猛进，织成的运用更加广阔，皇宫中大婚用的百子帐、衣冠等都是用织成而做，还用于弥勒绣像、连环诗锦、经帘、锦臂鞲、红幡、制书、御容等。明代还有织成大红缎衣，而到清代就很少见了。

缂　丝

缂丝，亦称克丝、刻丝、剋丝。现在不少人都知道宋代缂丝，有人以为缂丝是宋代发明的，其实不然。缂丝早在五代十国时期就有了，清宫中收藏的《金刚经》缂丝即系五代遗物。当时的缂丝比较单一，没有宋代的精美。

清康熙缂丝人物挂屏

宋缂丝富贵长春

宋代的缂丝在历朝历代中是最好的，作品最为完美，其质料、做工、颜色、花纹、图案没有不精致的，其精致程度就像画一样。当时缂丝经常仿制名家的书画，将书画和缂丝副本放在一起很难辨别，可想而知宋代的缂丝是多么华美、精妙。宋代缂丝以定州生产的最为著名。

人们也会用缂丝来做衣服、鞋子，其用途广泛，种类繁多。

明代虽然对缂丝也很重视，但所产没有宋代缂丝精美。明朝在宫廷内设有专门制作缂丝的处所，招收了很多缂丝工匠制作宫廷物品，比如皇帝的服装、后宫的装饰等。在民间也有很多缂丝作坊，苏州一带是出产缂丝最多的地方。

清乾隆缂丝莲托释迦牟尼坐像

明吴圻缂丝沈周蟠桃仙图

宋缂丝青牛老子图

清乾隆年间的缂丝，产量是历代中最大的，质量也是清朝最好的。缂丝到清嘉庆、道光时期就少有制作，渐渐衰落了。

宋代缂丝之所以比宋以后的缂丝精美，在于制作工艺。宋以后缂丝作品经常有彩画补在上面，而宋代的缂丝无论大小，完全都是缂织的，绝对没有一点彩画掺杂其中，这就是宋代缂丝独有的特点。

缂丝的制作原理很简单，但是制作过程很复杂。先在木织机上固定好经线，然后将画稿粉本放在均匀平整的经面下，再在经面上描绘纹样，最后按着经面上的画稿来调配各种颜色的线并装进梭槽中，来回穿梭于图形的经线之间，完成后将毛头修剪干净，这样缂丝就成品了。

为了将画稿如实呈现在织面上，缂丝的织造技法有结、掼、勾、戗、搭梭、绕、子母经、绞花线等数十种，依画稿图案灵活运用各种技术，细微处用针穿缀，有时还须以笔点染、补色，缂织出各式优美作品。

宋缂丝紫芝仙寿图

刺　绣

刺绣，又名“针绣”，俗称“绣花”。是用绣针穿线，使针迹构成纹样或文字。古代称“黹”“针黹”。后因刺绣多为妇女所作，故又名“女红”。

刺绣早在远古时期舜时就有了，是起源最早的民间艺术之一。夏商周三代及秦汉时期，刺绣经过长时间的发展，已经有了很大的改变，但当时的刺绣多是用来制作衣服和饰物。到三国时期，吴国孙权命令赵逵的妹妹绣山川地势图，是最早用刺绣制作的图画。一直到唐朝，刺绣多用来制作衣物，制作图画少见。宋代，

民国绣品

清晚期皇室纳纱盘金靠垫

宋　绣

用刺绣制作图画的风气开始风靡。元代人制作的刺绣不像宋代人制作的那样精密，用绒稍粗，落针不密，有的还用墨来描绘。

刺绣的技法在元代没有很大的发展，但是却有了一种新的用途，那就是对远方各国的诏书都用刺绣，这样可以避免诏书在长时间的路途中磨损或毁坏。《辍耕录》中记载："累朝皇帝于践祚之始，必布告天下，使咸知之。惟诏西番者，以粉书诏文于青缯，而绣以白绒，纲以真珠，至御宝处则用珊瑚，遣使赍至彼国。”

明代在北京专门设置了刺绣坊，因为染织技术的发展，刺绣的色彩也开始丰富多彩。人们不但用刺绣来制作传统的衣物、配饰，还用来制作书画。有的民间艺人发扬了宋元时期的绣画技术，以名人作品为底稿，然后用蒲草、胎发等材料进行刺绣。他们在刺绣过程中讲究构思，绣工善美，又掺入西方的透视效果，其风格曾风靡一时。

清康熙蓝色漳绒串珠云头靴

清嘉庆香色纳纱八团喜相逢单袍

明四合如意云纹麒麟补服

明孝靖皇后升龙纹刺绣比甲

清代，刺绣分为官营刺绣和民营刺绣，尤其在乾隆年间制作了很多刺绣作品。其做工和材料非常精美，虽然不能和宋代相比，但可与明代相媲美。

清嘉庆年间，刺绣开始走向衰落。清朝晚期，受西方影响，刺绣出现了水墨绣、三蓝绣等特殊风格。

中国四大名绣

刺绣的针法有多种变化，刺绣因此形成了不同的风格和技艺流派。又由于市场的需要和产地的不同，逐渐形成了具有地方特色的刺绣。江苏的苏绣、湖南的湘绣、四川的蜀绣、广东的粤绣被称为中国四大名绣。除此以外，还有山东的鲁绣、上海的顾绣等。

湘绣三星高照

苏 绣

清海水龙纹绣片

苏绣在宋代已初具规模，出现了绣衣坊、绣花弄、滚绣坊、绣线巷等集中生产苏绣的坊巷。到了明代，苏绣形成了独特的风格，并一直影响着刺绣的发展。清代苏绣达到鼎盛时期，皇家、宫廷内所用的衣物、装饰等都是苏绣。

苏绣具有精细、雅致、干净的特点。其织品色泽文静而不张扬，针法灵巧而不烦琐，图案秀丽且形象生动，绣工细致而传神。

苏绣的针法种类繁多，常用的是齐针绣、套针绣、乱针绣、双面绣、双面异色绣、彩锦绣等，以“平、光、齐、匀、和、顺、细、密”为特点。

苏绣福寿图

湘 绣

湘绣通指以湖南长沙为中心的刺绣。它起源于长沙，以湖南民间艺术为基础，结合了苏绣和粤绣的优点，距今大约有 2000 年的历史。

清刺绣马褂

早在清嘉庆时期，长沙就有很多民间妇女从事刺绣。清同治年间沙坪（今属长沙）和霞凝（今属长沙）一带，是湘绣生产的传统基地，多数农家妇女均以刺绣为业。清光绪年间，湖南宁乡人杨世焯深入绣坊，精心研究，创造了很多针法，提高了湘绣的艺术水平。光绪二十四年，出身于绣工之家的吴汉臣在长沙开设了自绣自销的“吴彩霞绣坊”，作品精美，深受人们的喜爱，湘绣从此闻名于世。

清湘绣富贵白头、王者之香镜屏

早期湘绣多为日常生活用品，后来逐渐出现绘画性题材的观赏品。其题材多以中国画为基础，运用不同的针法和上百种颜色的绣线，将人物和景物绣制得生动、逼真。有人曾赞美湘秀：“绣花花生香，绣鸟鸟啼叫。绣虎虎则跑，绣人能传神。”

另外，湘绣注重刻画人物或景物的神形结合。主要用纯丝、硬缎、软缎、透明纱和各种颜色的丝线、丝绒线（无拈绒线），劈丝细致。针法运用千变万化，技法上通常用平绣、织绣、网绣、结绣、打子绣、剪绒绣、立体绣、双面绣、乱针绣等。

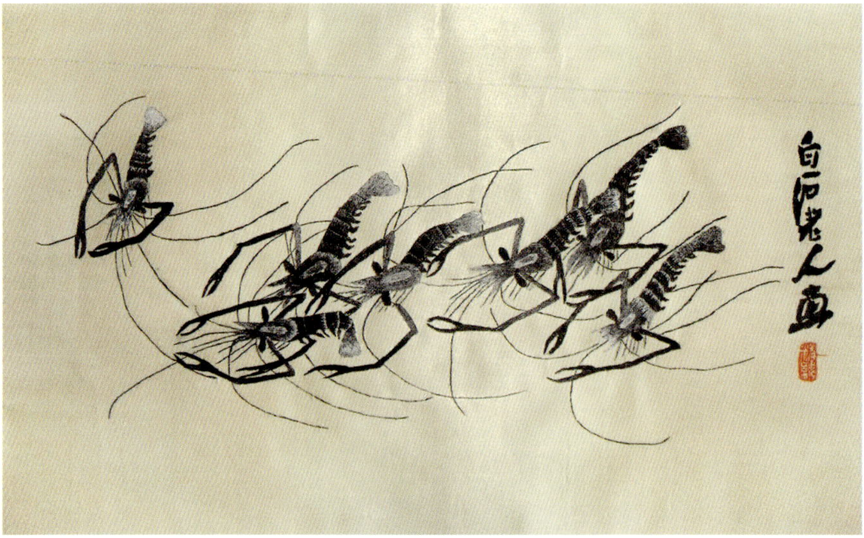

湘绣齐白石虾图

清官补（宽 32cm）

湘绣画屏

蜀　绣

蜀绣，又称“川绣”，起源于四川，是以四川成都为中心的刺绣的总称。因古代川西平原属蜀国，所以被称为蜀绣。

蜀绣双熊猫

蜀绣早在晋代就已出现。据《华阳国志》记载，晋代的蜀绣与蜀锦齐名。盛唐时期，蜀绣一直是民间艺术，没有大规模生产。清道光年间，蜀绣渐渐形成规模，成为一种行业。

蜀绣的原料以软缎、彩丝为主，题材多是山水、人物以及花鸟鱼虫等。针法有套针、旋流针、晕针、斜滚针、编织针等一百多种。蜀绣织品多是日常用品，如被面、枕套、衣服、鞋面等，除此以外还有工艺品，如台屏、挂屏等。北京人民大会堂四川厅的蜀宫乐女演乐图挂屏和双面异色的水草鲤鱼座屏都是蜀绣中的代表作。

蜀绣花卉图

蜀绣水草鲤鱼座屏

清乾隆刺绣礼佛图

清凤凰牡丹图绣品

总的来说，蜀绣构图精练，色彩艳丽，有立体感。针法以套针为主，片线光亮，短针细密，针脚平齐，变化多样。另外，蜀绣常用晕针来表现绣品的光、色、形，使绣品的形象更加惟妙惟肖，如鲤鱼的灵动、金丝猴的敏捷、人物的秀美、山川的壮丽、花鸟的多姿、熊猫的憨态等，皆跃然缎上。

粤　绣

粤绣，又叫“广绣”，是广东地区刺绣品的总称。相传粤绣是由黎族所创，绣工多是男子。粤绣起初只是日常用品。明中后期粤绣形成一定的规模，渐渐发展出特色，一直延续至今。

粤绣在艺术上追求热闹非凡，所以在构图上多用一些喜庆的画面。粤绣题材以百鸟朝凤、鱼虾、瓜果等为主。用线颜色丰富，除了丝线、绒线以外，还用孔雀毛捻绒作线，或用马尾缠绒作线。粤绣构图繁密，色彩艳丽，施针简洁，绣线粗松，针脚长短不齐，针纹重叠。这些表现手法使粤绣成为独特的艺术。

粤绣和其他名绣一样，绣品种类繁多，分为欣赏和实用两大类。实用类作品以传统的被面、衣物、枕套等为主，欣赏类作品以条幅、挂屏、台屏为主。

清中期粤绣白缎孔雀百鸟花卉座屏

清粤绣百鸟图团扇

丝绣的鉴别

古代丝绣中价值最高的要属缂丝。而宋代的缂丝更是收藏中的精品，即使是品相和做工不佳的也有收藏价值。明清缂丝的价值没有宋代的高，如果是小幅的对联等，价值会更低一些。

遗留下来的锦绫远没有缂丝多。现在市面上的锦绫大多是成段的，少有成匹的。

清缂丝群仙祝寿图

褐色为底，通篇满缂群仙祝寿人物图。仙境中南极仙翁、麻姑、寿星、八仙等正采摘仙桃，欲往瑶池为王母祝寿。人物虽多，但神态各异、生动传神。配以亭台楼阁，古树苍松，祥云缭绕，仙鹤起舞。整幅画面内容繁复却布局合理、层次分明，更显精彩。

清官服

明万历刺绣龙纹

宋代的刺绣因没有缂丝多，且流传下来的少，所以其价值和宋代的缂丝不相上下。明清两代遗留下来的刺绣相对来说比宋代的多一些，但是价值却不比宋代的低，因为在明清的刺绣中常镶嵌有珍珠、玛瑙等贵重物品。

清刺绣条幅

中国的漆器历经各个朝代的发展与探索，达到了相当高的水平。其戗金、描金等工艺品，对日本等地都有深远影响。漆器的华丽而不张扬也显示了中国人的秀外慧中。

第三章 曲水流觞的漆器

漆器工艺的种类

漆　器

唐漆马

漆器是指在器物外边涂上一层生漆的日常用品及工艺美术品等。

中国漆器历史悠久，早在新石器时代，就出现了漆器。夏代漆器不仅用于日常生活，还用于祭祀等活动。当时的漆器都是以木为胎，一般为朱、黑两色。殷商时期，便有了“石器雕琢，觞酌刻镂”的漆艺。从周代开始，人们还将贝壳、金、玉等材料镶嵌在漆器表面。

秦汉时期的漆器材质轻，技艺熟练，漆器表面华丽且图案多样，所以取代了青铜器。西汉时期，漆器得到了快速发展，其种类多样，造型丰富，在工艺上出现了戗金。

唐宋元时期出现了雕漆等多种工艺。明清时期漆器技艺更加成熟，民间出现了很多漆器工艺高手。清代，皇宫内还有红木漆龙椅。

元雕漆

雕漆紫砂壶

剔 犀

雕红漆也作剔红。雕漆除了剔红还有剔黄、剔绿、剔黑、剔彩和剔犀等多种工艺。

剔犀也叫“云雕”，因其图案回旋流转，花纹像云朵，故名。剔犀起源于唐代，在宋代逐渐成熟。剔犀是在器物上用两种以上颜色的漆有规律地逐渐积累，待器物表面的漆层足够厚的时候，再用刀子在器物上雕刻出图案，这样涂抹过的漆色就从刀痕的断面中显露出来。

剔犀摆件

剔犀漆器

剔犀瓶

雕漆花卉穿带瓶

一色漆

一色漆指通体只上一种颜色的漆，且不加任何装饰。颜色以朱、黑、黄、紫、绿为主，常见的是朱、黑、紫。一色漆在历代均有精品出现。一色漆外观朴素大方，没有华丽的修饰，而以器物的外形取胜。常见的一色漆器多是佛像，也有漆匣、漆盘、漆碗、漆盒等。

据考古发现，一色漆器在古代漆器中较为常见，各个朝代都有发现。宋代是经济发达的时期，各种雕刻艺人层出不穷，一色漆也有了突飞猛进的发展。其造型美观，胎体轻且薄，器物整体比例匀称，可与宋代的瓷器相提并论。

北宋花瓣式朱漆碟

宋代的一色漆器，多为传统的或方或圆的碗、盘，但有明显的起瓣分棱的特征。其优美的曲线造型给人一种流畅的线条美。明代黄成在《髹饰录》一书中把金漆也归到一色漆器类，名为“金髹”“浑金漆”或“贴金箔”。

汉漆卧牛

金银平脱

金银平脱即把金银薄片雕刻成各种花鸟、人物等纹样，贴在已经打磨光滑的漆器上，待金银纹样粘贴牢固后，整个漆器再上两到三层漆，打磨至露出金银纹样，最后将漆器推光。

金银平脱是一种精细而耗时、耗材

金银平脱鸾鸟衔绶纹铜镜

的工艺。因雕刻原料为价格昂贵的金银，并且在雕刻的过程中不能将金银片刻透，一旦失误就要重新选料，从头再来，所以整个制作工艺要求严格，且价格也较高。用这种技法制成的漆器外表华丽，金银的亮光和漆色的光泽相互衬托，使漆器看上去金碧辉煌，夺人眼目。

金银平脱起源于西周，盛行于唐代。唐代的金银平脱镂刻錾凿，精妙绝伦，比任何一个朝代的漆器都华丽高贵。但因为过于浪费，唐肃宗、唐代宗曾下令禁止制作。

金银平脱摆件

唐金银平脱漆罐

清剔红寿春宝盒

五代的金银平脱和唐代的相比，技艺更加高超。其用料更厚，镂刻更深，器物表面的纹样不但面积较大还更细腻，常用在家具和乐器等的加工、修饰上。

描　金

描金即描金银漆装饰法，是用金银材料在器物上描绘花纹以进行装饰。

描金最常用在黑漆地上，因为黑色更能彰显金色的闪亮，其次是朱色地和紫色地。描金还有贴金和泥金之分。

贴金即先用漆描绘花纹，待漆半干时再将金箔贴上。贴金多用于面积相对较大的图画，比如花瓣等。因为在贴的过程中不能保证贴得天衣无缝，小面积的贴金容易错位。

宋末元初蓝地描金婴戏图瓶
（高 28.3cm，底径 10.5cm）

泥金即用金箔和胶水制成金色颜料，用笔在器物上描绘。泥金适用于图案中的线条部分，比如水波、柳枝、云等。

清早期描金漆器

清康熙描金漆器

清晚期紫地描金彩漆折枝花卉纹碟

填　漆

填漆是漆器工艺中的一种常用技法。其制作过程是：先在漆器上描绘出所要的纹样图案，然后把色漆填入其内。

一般用这种技艺制作日常生活中的盘、碗、勺、桌、椅、板凳等，偶尔也会用来制作琴、剑鞘、砚台、盒子等。

填漆的胎质都比较轻。大多是木胎，也有竹胎、皮胎、铜胎等。

明万历剔红填漆开光松下高士图葵口盘

清乾隆外剔红献花图内填漆锦纹四层套盒

填漆在明清时期达到鼎盛，其技法相当熟练。髹法有描油、描漆、描金、漆画、识文描金和描金罩漆等，其中最突出的是描金漆器。描金漆器不但数量繁多，而且花色多样，多为精品。如清乾隆年间的填漆戗金凤纹莲瓣式捧盒，兼用了填漆和戗金两种工艺，其工艺达到了炉火纯青的地步，代表了乾隆时期漆器的发展水平。

竹胎漆器

清雕填漆花卉纹小花几

螺　钿

螺钿也叫“螺甸”“螺填”，是一种用贝壳来装饰漆器的技法。其过程是：先将贝壳薄片雕刻并组合成各种人物、花卉、鸟兽、鱼虫等形象，然后将这些薄片贴在髹漆上，粘在漆坯上后再上灰底，在表面上再髹上一层透明的光漆。经过打磨，镶嵌在上面的螺钿花纹就会凸显出来。

螺钿犀皮漆器

螺钿一般要求漆器本身的色泽为黑色，这样才能使乌黑晶莹的退光漆和白色

清乾隆螺钿黄花梨框栗黄地花鸟挂屏

清早期黄花梨螺钿人物图板

的螺钿相对照，凸显黑白分明、质朴而清丽的效果。

螺钿平漆后往往还会装饰色彩，一般用描漆、妆彩、描彩、花彩、彩漆等制作手法。用金装饰的往往为描金、洒金、涂金等，一般用来制作文具、家具等。

清乾隆漆盒

螺钿的历史悠久，起源于西周。从目前遗留下来的螺钿来看，螺钿在唐代具备了很高的水平。据文献记载，宋代螺钿漆器水平比唐代发达得多，出现了薄螺钿的工艺，并在元代成熟。北京元大都遗址出土的薄螺钿广寒宫图漆盘残片，代表了元代薄螺钿工艺的水平。

螺钿工艺到了明清时期又一次迎来高峰，在皇宫内有专门的造办处，用来制作御用的螺钿漆器。其品种多样，数量众多，从小的瓶、杯到大的屏风，都用色彩缤纷的螺钿片镶嵌而成。清康熙年间，螺钿漆器的制作出现“前无古人，后无来者”之盛况。

宋建窑油滴天目茶碗及黑漆螺钿茶托

明犀皮漆大捧盒

犀皮漆

犀皮漆也叫“虎皮漆”。犀皮漆并不是以犀皮为胎的漆器，而是一种漆器的制作工艺，具体的制作方法如下：先用石黄漆在器胎上调成黏稠的漆，做成高低不平的表面，用手将漆推成一个个凸起的小尖，待漆干后，再髹上多层不同颜色的漆，各色相间没有规律可循，最后把整个漆器打磨平滑。这样就可以看到在原本凸起的小尖处出现一圈一圈不同颜色的纹样，像松鳞，又像是行云流水，乍看像有一定的规律，实则毫无规律可言，凸显出一种天然的效果。

起初人们以为犀皮漆起源于唐代，但安徽省马鞍山市的三国时期墓葬中出土的鎏金铜扣皮胎犀皮漆耳杯使犀皮漆出现的年代提前了 400 年。

清犀皮漆臂搁（长 23.9cm）

清犀皮漆长方箱

犀皮漆早在宋元时期就已经有很大的发展，明清时期技法更是日益成熟，达到了完美的程度。清代利用这种技法制作的漆器种类繁多，小的有匣、盒等，大的有家具、屏风等，有的被进贡到宫廷。

清犀皮漆大笔筒

三国鎏金铜扣皮胎犀皮漆耳杯

堆　漆

堆漆技法最早出现在汉代，唐宋时期有了很大的发展，明清时期逐渐成熟。

长沙马王堆一号汉墓中出土的第二层套棺上的云纹，轮廓明显凸起，即属堆漆。

保存在日本的鉴真法师雕像，是唐代堆漆的例证。此雕像的面部五官和衣纹凸起部分都是漆灰堆塑的。

鉴真法师雕像

汉漆器扁壶（高 32cm，宽 30cm，厚 9cm。口部残）

现藏于浙江省博物馆的北宋描金堆漆舍利函，证明了宋代堆漆技术的成熟。

堆漆一般是用和地漆色不同的漆来制作花纹，花纹本身要比漆器的表面高，像浮雕，但并不是雕出来的，而是用漆堆出来的。

北宋描金堆漆舍利函

檀木为胎。方形，盝顶，子母口，须弥座。函内底有金丝栏金字11行180字款，具录施主名位。

堆漆技法包括“隐起”和“识文”等。所谓“隐起”即用漆灰或稠漆堆出高于漆面的花纹之后，再加以雕琢；而不加雕琢的被称为“识文”。这两种技法都是用堆漆做出凸起的纹样，再在纹样上加饰色漆。这比单纯的堆漆更有艺术效果。

清中期识文描金五福捧寿围棋罐

戗　金

戗金最早出现在西汉，流行于宋代。现在所能看到的最早的戗金器物是南宋时期的。明代将戗金和彩漆相结合，出现了“戗金彩漆”新技艺，遂成就了戗金漆器的美名。清代的戗金漆器更是成就斐然。

戗金的整个制作过程是：先用推光漆或罩漆完成漆器表面的干固工作，然后用特殊的细雕刀或针在漆器上刻出纤细的纹样；在纹样内上漆，最后撒上金屑，也可以用泥金或贴金的方法来装饰。花纹为金的叫戗金，花纹为银的叫戗银。

清晚期鎏金雕花堆漆画屏（高 84cm，长 53cm，宽 13cm）

明万历戗金彩漆龙凤纹镜

戗金彩漆与戗金漆不同。戗金彩漆是先在漆地上刻出低凹的花纹，然后填上各种颜色，再经过打磨就会露出平滑的花纹；用刀沿着花纹的线条刻出纹路，最后贴金箔、打金胶。这样，花纹就会有金色或银色的阴文边框和纹理，更具有光泽之美。

明戗金彩漆龙凤纹方胜式盒

中国历代漆器

汉魏晋南北朝漆器

漆器在秦代和青铜器以及陶器一样，有专门的官府漆器工艺坊。从出土的器物来看，秦时期的漆器主要用在日常生活和文书以及丧葬上。相对来说，陪葬的兵器、家具、车马器等比较少，各种雕刻动物形象的漆器制品也随着时代的发展渐渐减少。

战国木胎彩绘龙纹三系盖卧羊漆尊
（高 16cm，长 30cm）

汉云龙纹漆耳杯

汉漆器

西汉云气纹木胎漆器

西汉时期，由于经济有了很大的发展，进而促进了漆器的兴盛。因为漆器携带方便，华丽美观，所以进一步取代了青铜器。因此，汉代的漆器使用范围更加广泛，其工艺水平也比以往更复杂丰富。

汉代漆器比战国漆器更精美，其色彩艳丽，花纹精致，装饰优美，是实用和美观相结合的典型——从实用上来说，更注重生活中的应用性，比如漆盘等的容积更合理；从外形来看，图案更多样化，花纹更具有抽象感，形象更生动。汉代漆器的胎质及制法主要有木胎和夹纻胎两种，也有少量的竹胎。

东汉时期，漆器的风格古朴简约，装饰的图案朴素沉稳，颜色上多用朱、黑两色。看上去光彩照人而又不失古韵的特殊色泽，深受人们的喜爱与推崇。

而东汉中期以后，漆器则流行在樽、盘等器物上镶嵌金或银的箍，给杯的双耳镀上金或银的壳。有些漆器如樽、奁和盒的盖上常附有镀金的铜饰，有的还镶嵌水晶或玻璃珠。

从出土的情况来看，东汉时期的漆器已经走向衰落，不但数量减少了许多，工艺上也不如以前，而瓷器逐渐多了起来。这是因为西汉以后瓷器占据了主导地位，漆器手工业逐渐衰落。

魏晋时期，由于三国以来青瓷的发展，人们的生活用具渐渐转变成了青瓷。但皇室贵族认为青瓷没有漆器华丽，不能满足他们对生活的奢侈需求，所以木质漆器在当时还是受到一部分人喜爱的。

从出土的情况来看，当时流行的漆器有了新的品种，比如扇形漆攒盒。攒盒有多个格，可以拆开单用，也可以拼接在一起用。外形上有的呈扇形，有的呈四分之一椭圆形。盒子里面是红漆，外面是黑漆。然后再用红漆等在外面画出纹样。其造型小巧，纹饰随意，色彩绚丽。

南北朝时期，漆器作为日常生活用具开始大量生产，使南北朝成为古代漆器的过渡期，结束了汉代的衰落，引领了隋唐的兴盛。

山西平遥推光漆器

荷花鲤鱼大攒盒

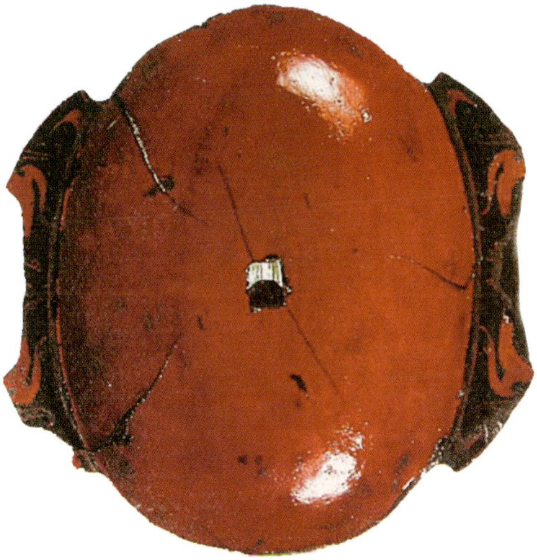

魏晋南北朝漆器

隋唐五代漆器

隋唐手工艺的发展促进了漆器的兴盛，其华美程度及繁杂的技艺可以和当时盛行的纺织品、金银器、陶器相媲美。隋唐的漆器不仅注重造型上的丰富，还注重质量上的完美，因此，漆器在隋唐时期有了很大的革新。

唐代金银平脱与螺钿漆器堪称一绝。虽然平脱技法很早就有，但是唐代的工艺技法要技高一筹。唐代的螺钿漆器刀法更熟练，技巧更精湛，每一块螺钿片都是精雕细琢而成，镶嵌出的花卉、人物等纹样栩栩如生。

唐漆篮

清康熙五彩螺钿黑漆八角层盒

五代十国时期，战争纷乱，形成了长达半个多世纪的割据局面，但是江南保持了相对的稳定，手工业得到继续发展。同时，由于当时统治者奢侈成风，官办与民间漆器作坊都有好的作品问世。从总体上来看，五代十国的漆器基本上保持了晚唐的风格。江苏苏州出土的螺钿花鸟纹经函，堪称五代时期的漆器代表作。在民间，漆器生产还是相当发达的。多为素面漆器，其中大部分为外黑内朱，用朱不艳，颜色较深，用漆较厚。

清雕漆节盒

明末清初千里款《牡丹亭》图螺钿黑漆盘

宋元漆器

唐代以前的雕漆都是先在器物上雕刻花纹，然后再髹漆。从唐代开始，雕漆便不再采用传统的工序，而是先在木胎上髹漆，髹漆的厚度要达到一定程度，有的髹漆达一二百层，等漆快干的时候，再用刀进行雕刻。作品传世不多，现今我们所看到的元代以前的古雕漆器大多是宋代的作品。

雕漆鼻烟壶

铜胎雕漆龙纹罐

剔红漆器

宋代“剔红刀法圆熟，藏锋不露”，与唐代“刀法快利”、锋芒毕露的风格迥然不同。宋代的剔红和剔黑传世作品很少。剔犀在南宋时期比较流行。

流失海外的朱锦地剔黑赤壁赋盘、醉翁亭朱锦地剔黑盘、黄地剔红后赤壁赋图盘和北京故宫博物院收藏的桂花纹剔红盒，都是宋代雕漆的代表作品。

元代是漆器工艺的鼎盛时期。当时的浙江嘉兴出现了很多雕漆名家，

元剔红双层牡丹石榴圆盘

其中张成与杨茂非常著名。

杨茂的花卉纹剔红樽、剔红梅花纹圆盘等，张成的栀子纹剔红盘、剔红曳杖观瀑图盖盒，都是传世剔红漆器中的精品。张成的剔犀云纹盖盒，刀法深峻圆润，堆漆极肥，漆色光亮温莹，是剔犀中的佳品。

杨茂花卉纹剔红樽

张成剔犀云纹盖盒

明清漆器

明代的雕漆要属永乐年间、宣德年间、嘉靖年间、万历年间即“永乐式”“宣德式”“嘉靖式”“万历式”最具有特色。

明永乐年间，在北京专门设有官局厂，用以制造皇宫内所用的漆器。在这个官局厂内有很多技术高超的艺人，制作出来的漆器都是精品。其胎质多为木胎和锡胎，工艺主要是剔红。当时的剔红刀法锋利

明雕漆如意云头纹盖盒

明永乐花瓣式漆盘
形制为花瓣样。剔红所雕的纹理清晰，整体看上去华丽无比。

明宣德剔红牡丹纹大盖盒

明嘉靖雕漆龙凤盘

明万历漆器

明快，磨工圆浑，花纹丰满、肥润、厚重，具层次感。

宣德年间的“宣德式”继承了永乐年间的风格，以剔红为主，刀法圆浑，多刻锦地，图案多为花卉、鸟纹，然后用几何图案加以衬托，同时还掺入黄、赭、朱、黑等色。

嘉靖年间的“嘉靖式”风格多种多样，刀法较浅，刀痕清晰。从整体来看，不论是造型、漆色、施漆还是纹样、雕工都是创新多，继承少。

万历年间的“万历式”增添了很多大型器物，造型也更加多样化，装饰手法随之变化，刻工趋于精致细密。

总体来说，明代的雕漆形成了两种风格，一种来自浙江嘉兴，另一种来自云南。浙江嘉兴的是以张成、杨茂传承下来的技艺为名。云南的风格是刀法棱线清楚，不藏锋、不磨熟棱角。这两个流派，曾先后成为明代雕漆的主流。

明代的周翥发明了著名的百宝嵌漆器，即在木质漆器上雕镂花纹，镶嵌珍珠、宝石、金、银、珊瑚等名贵材料，创作出的山水人物、飞禽走兽形象生动，很受人们的喜爱。

清乾隆雕漆经盒

清铜胎雕漆山水人物盘

清龙纹六方漆笔筒

清代初期的漆器继承了明代的工艺和风格，在乾隆年间达到鼎盛，遗存下来的传世精品较多。

清代漆器的繁荣与皇帝的爱好有关。清宫专门设立了漆器造办处，凡是皇宫内所需要的漆器都由其制作。造办处在制作漆器之前要先绘好图案给皇帝过目，等皇帝选定以后才开始制作。造办处分工明细，组织庞大，漆木作之下又分旋作、漆作、雕作、刻字作，各领域的工匠多是全国最好的艺人。

清乾隆雕漆经盒

紫砂黑漆描金菊花壶

清末民国初沈氏黄漆佛手式花插

清代漆器最有名的是江、浙、闽、粤等地的作品。比如浙江嘉兴的戗金银漆器，福建福州、漳州的脱胎漆器都很受人们的青睐。广东漆器的选料十分讲究，器物坚实耐用。苏州漆器有明光、剔红、彩漆、剔黑、退光多种，制作精美。

百宝嵌漆器的工艺水平，到了清代发展得更迅速、更成熟。

漆器的鉴别

现在市面上经常看到的古漆器都是宋代以后的，以明清时期的居多。市面上也有不少用现代工艺冒充老活儿的。鉴别漆器的年代有以下要点：

清晚期雕漆手串

宋代的漆器颜色与木炭的颜色相似，黑而没有光泽，木纹也深深印入漆里。器物上还有牛毛纹，好像人手上的纹路。如果器物上有这样的纹路，则可以断定其年代较为久远。

明代漆器不像宋代漆器那样没有光泽。表面的断纹有蛇腹、手皱两种。颜色多

宋雕漆

明剔红荔枝纹香盒

为红、黑两色，有时也有紫色。表面雕刻的花纹一般较光亮、坚硬，没有硬棱。有些漆器在罩漆的时候是红、黑色漆交替使用，反复多次以后再雕刻，因此横看会看见黑纹。

明雕漆印盒

清描金五角龙纹漆器

龙纹精美，形象生动。龙为五角，可断定是皇家用品。

清中期雕漆仕女海棠式盖盒

长 11.5cm。在 2012 年北京保利第 18 期精品拍卖会上估价为 40000—60000 元，很遗憾的是因为某种原因流拍。它雕刻精美，技术精湛，纹样秀丽、华贵，是一件难得的雕漆作品。

但是要注意，髹漆后必须要阴干，如果还没干就被风吹了，就很容易出现蛇腹纹。所以并不能单纯依靠蛇腹纹来断定是明代的器物。而手皴纹是经过多年形成的，新的漆器绝不会有。

鉴别雕填的漆器时，要仔细辨别颜色。作假的人往往是用香熏仿品或用茶叶抹仿品，这样仿品上会出现类似旧活儿的颜色，所以要特别注意。

清康熙年间的漆器和明代漆器基本相似，木纹中多有缎纹，但是颜色要比明代光亮，而且要注意并非所有的清康熙漆器都有缎纹。清乾隆时期的漆器，颜色和以往的漆器没有太大的差别；虽亦间有木纹，但都很细微，不明显。

一般情况下，新的漆器经过风吹日晒也能产生缎纹，但是新漆的颜色总是黑中透亮，不仅看不到木纹，还会闻到一股难闻的漆味。

清雕漆波涛鱼纹盘

第四章

眼花缭乱的珐琅、料器、琉璃

珐琅是一种富贵的象征，显示了皇家的尊贵；料器是实用性与装饰性相结合的工艺品；琉璃，更彰显了皇家宫殿的金碧辉煌。

珐琅的来源

珐琅本指一种涂料，后来也指表面涂着珐琅的铜器，也叫作“珐蓝”或“洋瓷”。

珐琅是用石英、长石、硝石和碳酸钠等加上铅和锡的氧化物，烧制成一种不透明玻璃质的白色涂料。在制作珐琅的时候还会加入其他颜色，涂在器物的表面，既能防止生锈，又能起到装饰作用。

珐琅在西洋的历史很悠久。在中国，明代的景泰蓝就是珐琅，只是当时制作的方法与后世的珐琅稍微有些差异。

清中期掐丝珐琅宝相花纹盒

珐琅兴盛于清康熙年间。当时经济发达，对外贸易也比较兴旺，从西洋输入的钟表等器物上通常会镶嵌一些比较精美的洋瓷画片。当时人们觉得它们玲珑剔透、晶莹可爱，可是并不知道用的什么原料，只知道来自法兰西，于是就音译为“珐琅”。

明掐丝珐琅

明景泰蓝佛像

清乾隆珐琅三管瓶

珐琅的种类

珐琅以铜胎为主，也有瓷胎、玻璃胎、紫砂胎等。按照珐琅制作的工艺，珐琅主要分为两大类：一类是掐丝珐琅，也就是景泰蓝；一类是从西洋传来的画珐琅。

明景泰蓝花盆

掐丝珐琅

掐丝珐琅的制作过程是在经过铸造、焊接而成的金或铜胎的器物上粘、焊接上掐成各种花纹的铜丝，然后填上各种颜色的珐琅涂料进行烧制，最后打磨、镀金。其制作过程烦琐复杂，要经过制胎、掐丝、点蓝、烧结、磨光、镀金等工序。

明宣德铜胎掐丝珐琅云鹤纹盒

掐丝珐琅在明景泰和成化两朝生产最多。后来的弘治、正德、嘉靖、隆庆四朝较为敷衍，仅继承传统的工序而已，所以在质量上

明掐丝珐琅兽面纹鼎式炉

清乾隆珐琅彩琵琶

和景泰及成化年间的制品是不能相提并论的。万历以后质量更差，所以极品很少出现。

清代，掐丝珐琅的技艺比明代提高了很多。不仅颜色比明代的鲜艳，而且图案也变得丰富多样。胎体较薄，掐丝细。彩釉没有砂眼，但是纹样不如明代生动。镀金部分金水较薄，不过金色很漂亮。清乾隆时期制品虽然不能和明景泰、成化时期相比，但与清朝其他时期的制品相比绝不逊色。

明宣德、景泰年间的掐丝珐琅

明宣德、景泰年间的掐丝珐琅技艺已经达到了很高的水平。这个时期的掐丝珐琅的纹样以缠枝、折枝莲纹和莲瓣纹等为主。没有混合色，也没有锦地，但往往会在一个叶片上使用三种颜色。番莲花瓣尖短、丰满，花心呈形状不固定的如意云头形、桃形、海石榴形等，从花心开始，花瓣以不对生的方式向上包住，通常是二至三片，其大小形状并不规则，需要指出的是，叶的大小和比例在后期相对较大。缠枝与卷须多由单根掐丝表现，且粗细不均，以隐藏末端的方式来处理。这与清乾隆时期多用双根的表现方式有很大差异。

明景泰掐丝珐琅狮戏纹藏草瓶

另外，其落款多用阴刻六字楷体，从左向右一字排开。落款的位置和同时期的瓷器落款位置大致相同，都是在器物的底部或沿口。造型大多是香炉、香薰、盏、花瓶等。

明景泰掐丝珐琅花卉纹小罐

明景泰掐丝珐琅玉壶春瓶

明中期的掐丝珐琅

明中期，由于嘉靖皇帝信奉道教，珐琅的纹样大多和道教有关联，比如松树、佛手、石榴、桃、神仙、瑞草、仙鹤、五老、寿、春、天下太平等，都蕴含着道教意味和祈福吉祥的寓意。

珐琅上的人物山水图，空白部分多用云纹填充。番莲花的花瓣比以前多了，花瓣由丰润转变为瘦弱，花瓣尖带着小钩，三片花瓣松松地搭在花心处，最下层的花瓣下垂。花瓣的末端掐丝卷成一个小圆圈，这是该时期非常显著的特点。

此时的掐丝粗细较早期均匀。而且，珐琅釉的厚度比早期的薄，颜色较亮丽，而且更透亮，如褐釉、绿釉等呈半透明状。

明中期掐丝珐琅麒麟纹执壶

明中期掐丝珐琅鹦鹉纹圆盒

明中期珐琅印泥盒

明中期掐丝珐琅盏托

点蓝工艺还出现了用白色珐琅来将颜色调淡的混合色。因为白釉和色釉粒子过大，两种粒子不能充分混合，所以烧蓝后往往会出现两种粒子掺在一起的釉色效果。

明后期的掐丝珐琅

明后期的掐丝珐琅，胎质轻，掐丝宽窄渐渐均匀，但是掐丝鎏金的质量并不是很好。珐琅釉色也没有明中期透亮，不过颜色丰富，出现了更多的混合色，如红与黄、白与蓝、黄与白、红与蓝等混合色。

明万历掐丝珐琅双龙捧寿花口大盘

明万历掐丝珐琅龙凤缠枝莲纹大盘

明晚期铜胎掐丝珐琅鹿鹤同春纹方壶

其纹样更是精细，栩栩如生。特别是龙纹——早期的龙纹脊背上是单一的锯齿状，而这一时期已变成了连珠状，或在连珠中夹有锯齿；龙的下颚通常会有一排略呈三角形的短须，更显威势。

清康熙年间的掐丝珐琅

清康熙早期，颜色多用白色做底色，然后用红、黄、蓝等颜色作画。这样制作出来的珐琅釉色，颜色丰富而艳丽，但表面缺乏光亮。因为在制作的过程中釉料抹得较厚，多种颜色掺入，会出现较多的砂眼，所以整体上不太精细。

清康熙晚期，珐琅的釉质不再像早期那样不精细，表面基本没有砂眼，且光滑细腻，色泽更艳丽动人，颜色更丰富。底色除了用传统的白色外，还为凸显皇家身份而添加了黄色。

清康熙掐丝珐琅火盆

清康熙掐丝珐琅跪人蜡台

清康熙年间掐丝珐琅种类繁多，出现了一些新的造型，但不管新旧，造型都规矩工整。表面的绘画也是画工一流、一丝不苟，增添了珐琅的图案性效果。

清雍正年间的掐丝珐琅

清雍正年间的珐琅制作工艺继承了康熙年间的传统，但是制作的重点并不是掐丝珐琅而是画珐琅。所以，雍正年间的掐丝珐琅如今很少见到，比较可靠的传世品有收藏于台北“故宫博物院”的清雍正掐丝珐琅凤耳豆式盖罐等。

清雍正时期的珐琅造型轻盈秀丽且多创新，可和同时期的瓷器、漆器相媲美。珐琅釉色除了继承康熙年间的白色或黄色底以外，还推陈出新，增加了黑色底。因为雍正皇帝一向对沉稳庄重的黑色情有独钟，所以在当时，黑色成了流行色。那种黑釉的光泽亮丽远远超越了康、乾两朝，黑色的珐琅成为当时的一大特色。

清雍正掐丝珐琅凤耳豆式盖罐

清雍正铜胎画珐琅牡丹纹蟠龙瓶

清乾隆年间的掐丝珐琅

清乾隆年间的珐琅多是仿制，除了仿制明景泰等时期的各种器物，还仿制宗教仪式中所用的七珍八宝、佛像和古铜器。也制作一些既实用又可作为陈设的动物造型器皿，以及日常的生活用具等。

因为乾隆皇帝钟情于在器物上装饰稠密花纹，所以其纹饰风格繁缛、堆砌。

颜色上，无论是从西洋进口的还是本土制作的，釉色均浓艳、干净，色彩是前朝所没有出现过的颜色，比

清乾隆掐丝珐琅嵌玉鼎式香炉

如明艳的紫蓝、浅紫红、深枣红、娇绿等，但大多数缺乏透明温润的质感。

这个时期的珐琅工艺已经发展到了巅峰，将錾胎和画珐琅的制作技巧合二为一。掐丝粗细均匀而流畅，并用双勾法表现枝与卷须。之前的掐丝技艺都是用焊剂将其固定在胎上的，所以釉面常被焊剂污染。在乾隆时期则用胶取代了焊剂，减少了焊药挥发所产生的污染痕迹。

落款有“乾隆年制”“大清乾隆年制”，又有阴刻和阳刻两种款识。

阴刻款的珐琅用金量少，镀金比较薄。因为金水稀薄，所以成色和耐久性相对来说要差很多。

清乾隆珐琅彩罐

清乾隆铜胎掐丝珐琅出戟八方宫灯

清乾隆珐琅彩兽耳樽

清乾隆金胎珐琅多穆壶

阳刻款的珐琅分为蜡光和莹光两种，以浅蓝为底色。珐琅的颜色有浅蓝、深蓝、赭、草绿、深绿、姜黄、黄、白等十余种，为了表现醇古的意境，一般不用粉红色。掐丝一般都是粗铜丝。花茎卷草均用双勾掐丝，掐工娴熟、工整。镀金要镀两三次，因此较阴刻款的珐琅浓厚，所需的金量也要比阴刻款多。

画珐琅

15 世纪中叶的欧洲形成了画珐琅的工艺，大约在康熙二十三年传入中国，当时人们称其为“广珐琅”或洋瓷。之所以叫作“广珐琅”，是因为当时广州制作的器物带有西方艺术韵味。但是因为技术不高，所以釉色不稳定。经过 35 年的发展和研究、探索，也就是康熙五十八年，珐琅技术才逐渐成熟。中国风格的画珐琅纹样也随之产生。中国烧制的画珐琅造型稳重浑厚，与瓷器中的粉彩相似。

在清宫档案中，一般称珐琅为“某胎画珐琅”。画珐琅按照胎质可以分为铜胎画珐琅、玻璃胎画珐琅以及瓷胎画珐琅。后来把玻璃胎画珐琅归为料器，瓷胎画珐琅归为瓷器。铜胎画珐琅则单独为一个系列，因为它既不属于景泰蓝，也不属于铜器，所以在正式书册上都写作“铜胎画珐琅”。后来人们嫌名字过于烦琐，慢慢简称为“珐琅”。

清雍正料胎画珐琅花蝶纹瓶
为雍正御制瓶。圆口，短颈，束腹，圈足。其画珐琅花蝶纹，花开繁盛，或红或蓝，花叶娇嫩，彩蝶成群，飞舞于其间。留白之处题有“朝朝笼丽月，岁岁占长春”。底落“雍正御制”款。

清铜胎画珐琅花卉小瓶

清乾隆画珐琅瓷瓶
此对瓷瓶胎质细腻，花卉纹饰绘制工细，字体流畅，制作规整，工艺精美，包浆自然，有较高的收藏价值。

据清代蓝滨南在《景德镇陶录》中的记载，画珐琅是把白色珐琅釉涂在铜胎上，烧制以后再用各种颜色的珐琅釉在上面绘制图案，再烧制而成。

清康熙年间的画珐琅

画珐琅在康熙早期技术还不够成熟，主要用以制作日常生活用具，如一些实用的碗、盘、瓶等。因为当时的画珐琅胎质和掐丝珐琅胎质一样沉重，而且容积也小，

清康熙蓝地珐琅彩“万寿长春”铭碗

清康熙料胎画珐琅母子图笔筒

清康熙铜胎画珐琅仙人山水尊

故多用来做日常生活用具。其釉色没有光泽，昏暗不透亮，色泽也是模糊交叉，不适合做用来欣赏的工艺品。

画珐琅发展到康熙后期才逐渐成熟，其器物的表面光滑而艳丽，胎体轻薄而不失文雅，釉色温润而透亮。外形上也比以前增加了多种类型。除了日常生活用具以外，还有花瓶、鼻烟壶等。

这个时期的珐琅多数是用黄釉为底色，以凸显皇家的身份。当时的黄釉色泽亮丽、干净，呈明黄色，可以说是康熙、雍正、乾隆三个时期的领导者。也有少量用淡蓝色或白色做底色，上面再附绿、宝蓝、粉红、红、紫等彩釉。同时也开始用黑色，但是釉色不如雍正时期黝黑光亮。

这个时期的装饰纹样已经不再是单纯的传统山水风景，而是写生花卉和图案。常用的花卉是梅花、玉兰、牡丹、菊花，还会为了增添图案的生动性而在花簇中勾勒出飞舞的蝴蝶、蜜蜂、小鸟等。

这个时期的传统山水画颇有王翚、王原祁的绘画风格。而写生花

清康熙宜兴胎画珐琅四季花卉盖碗

清康熙宜兴胎画珐琅四季花卉方壶

卉采用恽寿平、蒋廷锡的没骨花卉的绘画技法。图案式花卉则是用浅色勾勒出花瓣的轮廓，到花心处稍微加深，再以晕染的方式表现出整体的形状与颜色。

清雍正年间的画珐琅

画珐琅起源于康熙时期，兴盛于雍正时期。雍正皇帝尤其喜爱画珐琅，因此促成了画珐琅的兴盛。这个时期的画珐琅不仅数量增多，其式样也不断创新，釉色、图案都发生了很大的改变。

当时主要做小型器物，其做工精致，釉色亮丽。也有一些像成套杯盘、多层式烛台、卵形小壶、筒式熏炉等特殊的器形。

珐琅表面的图案仍然是寓意吉祥如意的花鸟、虫草、缠枝花卉为题材的纹样。往往以四季花卉、竹石、鸟雀等吉祥纹饰的开光配合西洋式的花叶纹和图案式的番莲及荷花的锦地。而开光的式样有椭圆、桃形、圆形

清雍正画珐琅缠枝牡丹蝙蝠寿字纹卤壶

清雍正画珐琅缠枝花卉纹六颈瓶

和不规则形等，并且器底落款处装饰纹饰，一般用龙凤及螭纹衬托年款。

雍正时期的珐琅釉色以黄色为主，但也出现了新的釉色。特别是黑底上压彩色花纹更是前所未见的。这种黑釉深受雍正皇帝的喜爱。雍正时期的画珐琅有了突飞猛进的发展，特别是工匠研制了二十多种新的釉色，极大地丰富了珐琅釉色的种类，为乾隆时期珐琅的全面发展奠定了坚实的基础。

清雍正黄地珐琅彩梅花纹碗

清乾隆年间的画珐琅

乾隆皇帝的个人爱好使画珐琅的装饰偏向稠密、细致、烦琐的堆砌。在器形上也发生了很大变化，样式多达四十余种，有盉、壶、葵花碗、提梁罐、出戟盖罐等。底色还是以黄色为主，有浅黄、橙黄、明黄等。底色除了黄釉以外，还增添了湖蓝色、酱红色、藕荷色等。

乾隆时期的珐琅的纹饰主要采用中西合璧的装饰方式。将西洋带翅小天使与纳福祈祥的蝙蝠等中国传统纹饰相组合，是这一时期的特色。

另外，明末传教士带来很多欧洲的铜版画和图书，受其影响，乾隆时期的珐琅普遍采用西洋式卷草纹和百花纹为锦地，开光处的人物背景、风景画面中往往出现港口以及北欧式楼房和教堂等建筑。

清乾隆画玞琅缠枝花卉万寿无疆盘

清乾隆画珐琅海棠花式瓶

高 50.5cm，口径 16cm，足径 14cm。瓶身、口、足均作四瓣海棠花形，束颈，体修长，近肩处两侧各有一兽头铺首衔环耳。通体捶揲隐起的法国洛可可艺术形式的洋花图案并描金，间饰画珐琅写生百花纹。腹部两面开光，内绘西洋山水楼阁、人物风景。足内白釉，中心蓝色长方栏内署“大清乾隆年制”篆书款。此瓶为清中期广州专为宫廷制作的贡品。其珐琅釉色鲜艳明亮，光泽耀目，纹饰为典型的仿欧洲画风。这种舒卷自如的蔓草蕃花和西洋楼阁、风景、妇婴等纹饰为广州画珐琅的特色。

清乾隆金胎画珐琅杯盘

杯、盘为一套，黄金为胎。杯圆形，圈足，两侧有金质卷草纹耳。托盘圆形，菱花式折边。盘内底中心凸起杯槽。杯身、杯槽、盘内底及折边均以金属錾花技法装饰蕃莲纹，除折边外，分别施用绿色和红色珐琅。杯身两面开光，内彩绘西洋妇女图。托盘之杯槽、内底和折边亦作画珐琅开光，共计16个，内分别装饰花卉、西洋风景和妇女题材的图画。杯底署蓝色“乾隆年制”款。盘底中心镀金，錾“乾隆年制”楷书款。

清乾隆珐琅彩花卉八宝纹双耳扁瓶

当时广州珐琅制品制作精美，习惯用红、蓝等单色渲染山水。纹饰中的人物多为中西女子、儿童，偶尔有宗教人物及西洋男子。中国仕女的形象还是传统的美人形象——瓜子脸、削肩。绘画中融入了透视原理、光影处理，糅合了油画中明暗结合的技巧，形成了特有的风格。

在这个时期还出现了内填珐琅、掐丝珐琅与画珐琅相结合的工艺。基本上是用金或铜做胎，（其中金胎相对来说要贵重一些）落款有仿宋体、楷书体，有的款体似仿宋，但用笔又似楷体；署“乾隆御制”和“乾隆年制”两种款，其中“年制”款比较多。“御制”款极少，以二直行为主，有双圆圈、双方栏的，也有无栏无圈的。

珐琅的鉴别

当下，珐琅越来越受广大收藏家的喜爱，成为艺术品收藏中的一类。而收藏的对象多数是掐丝珐琅，即景泰蓝。由于种种原因，真正早期的珐琅（景泰蓝）流传下来的并不多，就是在元明墓葬出土的文物中，到现在也没有可作为断代标准器的珐琅。

另外，经过十年浩劫，民间留存下来的景泰蓝古器几乎绝迹了。因为稀少而且广大收藏家又比较喜爱，所以就形成了强烈的反差，价格上也有增长的趋势。

收藏珐琅时要学会鉴别。鉴别方法有三种：一是文献考证；二是利用科学的检测手段；三是鉴别珐琅的款识、胎骨与形制、纹饰和釉彩等。最后一种方法是最复杂但也最常用的。

清乾隆铜胎掐丝珐琅双耳瓶

直口，束颈，垂腹，高圈足外撇，足底起台。颈部两道粗弦纹，如同两道金箍，上有一对如意耳，耳内套铜环。口唇、弦纹及圈足底部鎏金。主体部分以湖蓝色为底，口沿下和肩部饰有蕉叶纹，颈部饰以五彩缠枝花纹。腹部开光，中间有大朵西番莲，外层布满缠枝花叶纹，与颈部纹饰连成一体。

明宣德景泰蓝缠枝莲香炉

造型敦实古拙。双耳形制优雅，外侧錾回纹。口沿平折，腹身垂直而短小，以天蓝色珐琅为地，上饰黄、蓝、绿、白、红五色缠枝莲花 10 朵。下承四足，足内饰以一朵折枝莲花。其铜胎质地厚实，包浆古旧，釉面光泽润和，色调浓郁雅正。掐丝精细，花朵饱满，花筋叶脉转折流畅。釉色丰富透明，玻璃质感强烈，具有明早期掐丝珐琅的典型特点。

款　识

明宣德时期最常用的款识有铸錾、双勾和珐琅釉烧成三种。书体多用楷书，有时也用篆体。款识呈直单行、直双行、直三行和横排，内容为“宣德年造”“宣德年制”和“大明宣德年制”。这个时期的款识一般是在珐琅的底部，其书体庄重隽秀，和同时期的金属器、瓷器的款识很相似。

清康熙珐琅彩牡丹纹杯

明景泰年间的款识无法明确哪种款识是标准识。因为当时的伪款太多。比如篆书款、仿宋体款、铸錾款、双龙环抱款都已经被鉴定是伪款。目前有学者认为阴刻和掐丝双勾款可以作为景泰时期的真款，可也只是逻辑上的推理。

清乾隆珐琅彩花草纹小碗（高 6cm，口径 11.6cm）

明嘉靖采用的是刻阴文直二行“大明嘉靖年制”楷书六字款。明万历采用的是掐丝双勾直单行、直双行或横排“大明万历年制”或“大明万历年造”六字楷书款。

清代掐丝珐琅的款识相对来说样式较多，如铸錾、刻、镂空款。字数一般是四字和六字，书体多用楷书，也用篆体、仿宋体等。框栏一般是正方形或长方形。

胎骨和形制

明代早期胎骨稍微厚重，到了中晚期就渐渐稀薄了。而清康熙年间也较厚重坚实，同样在清中晚期慢慢变薄。明代珐琅掐丝常有断裂现象，而清代因为提高了对珐琅的烧制和打磨技术，铜的质量也更纯，所以很少出现掐丝断裂情况。清代尤其是乾隆年间其表面镀金厚重，而且技术也远远比明代高超，所以明代的器物有表面脱落现象，而清代的器物至今光彩照人。

明清掐丝珐琅的形制的发展轨迹为：从小到大，从简练到复杂，从陈设、祭祀器物到观赏、实用器物。

清康熙掐丝珐琅青鸾花卉盘

纹　饰

明清时期的掐丝珐琅经历了一个由简而繁的过程。其纹饰多种多样，丰富多彩。就拿缠枝来说，元末明初的缠枝全部是用单线勾勒图案线条，稀疏有序、大花大叶、花心呈桃形。而明中晚期都是用双线，虽然还保留着前期的韵味，但布局上相对复杂一些。缠枝的花瓣越来越尖瘦，花心呈“圭”字形或如意形。到了清代，缠枝都是用双线勾勒图案，布局是繁密而规整，已经完全没有了明代的洒脱韵味。

明万历铜胎掐丝珐琅缠枝西番莲纹梅瓶

珐琅釉料

元末明初的掐丝珐琅通常用蓝色做底，然后夹杂一些黄、绿、白、红等颜色，其釉色细腻，色调纯正，像水晶一样透明而艳丽。到了明宣德年间釉色就开始变得昏暗无光。这个时期还出现了宝蓝色做底。明万历年间，色釉更是多种多样，新出现了豆青、松石绿等颜色品种。

清代的珐琅釉色比明代更加丰富多样，但是透亮程度远远不如明初。

鉴定珐琅的年代，还要注意珐琅釉是否有砂眼。前文提到过砂眼的形成，但是到清乾隆时期，由于工艺的改进，已杜绝了砂眼的现象。

现在仿制的景泰蓝在掐丝制作、材料运用和艺术风格上都不能和明清时期相比，所以掌握详细的知识，认真鉴别就能确定珐琅的真伪。

明掐丝珐琅鸳鸯香薰

是颇为难得的明代掐丝珐琅典型器物。北京故宫博物院收藏有造型纹饰相似的单只作品。

清珐琅掐丝南瓜罐

直径 7.7cm，高 7.2cm。为清代典型的掐丝珐琅，形制美观逼真，花纹精美。

料　器

料器就是我们生活中所说的玻璃。在古代，人们称玻璃器具为“料器”，如玻璃烟壶叫“料壶”。

现在发现的早期殓葬料器，式样、做工等都和商周时期的一些器物有相似之处。料器不易保存，而且也不是贵重材料，史书上一般不会记载。所以，料器的出现时间或许可以追溯到秦以前。

清蓝料水盂

清琥珀红料玉壶春瓶

清料器 108 粒朝珠

从出土的秦代料器来看，料器在当时已是很普遍的装饰品了。秦代还出现了加色镶嵌的料器，如蓝料充耳，它上面镶嵌了孔雀石、银丝。汉代时料器大多用来制作图章、耳环等小件物品。直到唐朝才用料器做瓶、碗等器物。此后各个朝代也用料器制作普通的生活用具等，或因没有奇特的、精妙的，所以流传甚少。

清代因为输入西方的烟草，开始用料器来制作烟壶，以盛放烟料。料器也用来制作其他器皿，但只有烟壶是最精妙的，也是制作得最多的。料器烟壶要属清乾隆时期的最好、最精致。

清乾隆料器小瓶

清套料鼻烟壶

清乾隆料器珐琅彩雉鸡牡丹图鼻烟壶

清乾隆时期的料烟壶名品有袁家皮和辛家皮等。袁家皮体重而胎薄，颜色透亮像凉粉，在胎上套上五种色料，然后不同的颜色做成不同的花纹，整体看上去很漂亮。其红、蓝两色就像真正的宝石一样，黄色也像极了真正的金箔，在太阳的照耀下还能看见像金箔一样的纹络。而新做的料烟壶是不会有这种效果的。

辛家皮的质地像冲熟的藕粉，里面还有珍珠泡，和藏料的质地相似。而套色不像袁家皮那样套五色，而以套红居多。

藏料是料器中的一种。它和其他料器一样透明，白中带些红黄。藏料的颜色很像康熙末年的粉料。藏料多为净水碗、双耳瓶等器物。器物上多画狮子、勾莲纹，一般不带字。有的上下画蓝勾莲或番莲纹，腰横金字，多是阿拉伯文；写有藏文的器物较少，只有十之一二。

琉　璃

据《汉书·西域传》记载，琉璃的制作技艺是从西域传入中原的。在北魏太武帝时期，大月氏人到中原经商，用石头制作五颜六色的琉璃，而中原人又经过探索、改进，使它青出于蓝而胜于蓝。当时制作琉璃的原料矿石都采自太行山。金元时期仍采用太行山的矿产，并对北魏以来制作琉璃的工艺进行了改良。

琉璃鼻烟壶

清琉璃双耳香炉（长 9cm，高 4.6cm）

在古代琉璃大多是用来制作瓦。在宋朝之前，宫殿的瓦是漆瓦，后来是碧瓦，再后来就是宋朝的琉璃瓦。相传是宋的使者来到金，见金的宫殿用琉璃瓦覆盖，光彩照人，于是就将这种技术带回中原。

元代开始就有了专门制作琉璃的官员，明代皇帝还让太监亲自管理琉璃的烧制过程。清代，琉璃的烧制工艺比以往更完善。文献有记载："凡陶甓之制，设琉璃窑于正阳门之西，以陶琉璃器具，质用澄泥，色有青、黄、翡翠、紫、绿、黑，砖甓异名，各按模式，吻有大小，垂脊之饰，各有等差。"而工部则例有琉璃作等差，尺寸、物料、价值，记载尤为详明。现在我们能看见的古代琉璃大多是黄绿两种颜色，一般都是宫殿、坛庙、亲王府的砖瓦。

烧制琉璃的药料为扁青石。扁青石是铝与钠的矽酸化合物，颜色艳丽而有光泽。伪制品所用的药料是铅，所以颜色不仅看上去没有光泽，而且很快就会脱落。

宋琉璃发簪（长 16cm）

故宫黄色琉璃瓦

故宫黄色琉璃瓦彰显了皇家的华贵、庄严、气派，远远望去，金碧辉煌。

琉璃的鉴别

鉴别琉璃的重点是看琉璃的剔透性。因为琉璃的材质是人造水晶玻璃，所以对光的折射率很大，在光线的配合下就会呈现出晶莹剔透的效果，能够充分表达其艺术效果。而通过铸造工艺制作的作品表现力强，层次分明，精致细腻，在色彩上更是变幻莫测。

清琉璃手镯（内径 6.6cm）

首先，琉璃有很好的赏光影效果，因为高折射率，所以能呈现出立体的视觉效果。其次，琉璃的透彻性更是恰到好处。再次，琉璃有一种流动性纯净之美。另外，琉璃的色泽与美感能给人带来意境之美。最后，琉璃作品中往往还含有一些民族特征。综上所述，琉璃是一种具有很高的收藏价值的工艺品。

宋琉璃珠

古代的琉璃是在琉璃石中加入琉璃母烧制而成。琉璃石是一种成分为二氧化硅的有色水晶材料，而琉璃母是一种能够改变水晶结构和特性的古法配方。琉璃石是天然原料，加上人工配料烧制就能让琉璃产生各种颜色、形状、光泽上的变化。明代用的药玉应该和琉璃母的配方有一些不同，所以明代的琉璃在色泽上没有太大的变化。

自古以来，琉璃母的原料和配置决定了琉璃的等级。正是因为琉璃母的存在，才使中国古法琉璃与水晶乃至西方的水晶玻璃“费昂斯”在成分上有了一些不同。

清老琉璃山形笔架
长 6cm，宽 2.5cm，高 4cm。彩色在玻璃内，有四五种颜色，是一件很精致的文房笔架。

文房四宝是中国灿烂文化长河中的一枚珍珠。中国传统的书法、绘画艺术，都离不开文房四宝，可以说没有文房四宝，也就显示不出中国书法和绘画的韵味。

第五章 潜藏光辉的文房四宝

笔

中国很早就有“文房”这个词语，古人将笔、墨、纸、砚合称为“文房四宝”。古代的文人，写字、绘画都离不开这“四宝”。

文房用具自古以来就很受人们的珍爱。明清时期得到了长远的发展，除了“四宝”，还出现了与之配套的用具，如笔架、笔洗、墨床、镇纸、印章、印盒等四十余种。各种文房用具都被精心设计、摆设，逐渐成为书房里的装饰工艺品。

文房用具虽然小，但以独特的造型、色彩、纹样、雕琢等成为精美绝伦的艺术品。文房用具的收藏也提高了收藏家的文化素质，陶冶其情操。而笔为“四宝”之首，历来就是文人士子的挚爱之物。

唐邢窑鹰式水洗（长 20cm，宽 15cm，高 13cm）

雕竹管兔毫笔

毛笔的源流

毛笔起源于新石器时代，早在商代的甲骨文中就出现了笔的象形文字。从出土的情况来看，毛笔早在战国时期就已经被广泛使用。

古代有秦朝名将蒙恬造笔的传说。传说蒙恬所造的毛笔，笔尖用的是兔毫，笔杆用的是竹子。这种简单的制笔方法产生了后来著名的一种笔——“蒙笔”，或称“侯笔”“蒙恬精笔”。也就是从蒙恬造笔开始，有了笔的称呼。

毛笔进入汉代，就有了一个新的发展，汉代的官员经常会把毛笔的尾部削尖插在头上，这样就可以随时取下来记录身边的事情。还常有祭祀者在头上插簪笔来表示尊重。

毛笔发展到元明时期，在浙江湖州涌现出很多制笔高手。他们所制的笔，笔尖所采用的是山羊毛，即著名的“湖笔”。进入清代，湖州一直是中国毛笔的制作中心。

狼毫顶峰笔

长峰羊毫笔

毛笔的种类

历代文人对毛笔有各种不同的称呼，有叫管城子的，有叫中书君的，有叫龙须友的，还有叫尖头奴的等，都体现出文人雅士对毛笔的“溺爱”。

毛笔的种类繁多，按笔毫来分有兔毫、羊毫、马毫、鹿毫、狼毫等；按性能来分有硬毫、软毫、兼毫；按笔管质地区分，又有玉、瓷、银、竹等；而按用途划分，则有书写笔、人物笔、花卉笔、山水笔、衣纹笔等。

宣　笔

宣笔产于安徽泾县。相传蒙恬所制作的笔就是宣笔的先祖。宣笔最早出现于汉代。魏晋时期由于书法艺术繁盛，制笔工艺不断提升，使宣笔得以被广泛使用；再加上王羲之的推崇，宣笔名噪一时。到了唐朝，泾县成为全国的制笔中心，得名为宣笔，随后还被作为贡品和御用毛笔。此后，涌现了一大批制笔名家，宣笔盛行全国，成为文房四宝珍品之一。但至元代，由于战乱对民间工艺的严重摧残，宣笔逐渐被湖笔所取代。

清钱叟款紫檀嵌象牙斗笔

笔杆长 21.2cm。笔斗及笔杆中部以紫檀制成，嵌以象牙。铭文：“六泉嘉墨抚唐本，一路深林见落花。钱叟造。”

宣笔非常注重选料和做工，在选料上极其严格，做工也是一丝不苟，具有刚柔适中、装模雅致、毛纯耐用、尖圆齐健兼全的独特风格。

宋　笔

宋笔产于四川乐山，可与宣笔、湖笔相提并论。相传苏东坡在乐山时，用当地生产的笔在亭子上写了一首好诗，人们都对其称赞，而苏东坡很谦虚，说只是因为笔好才写出的。后来，黄庭坚也曾用当地所产之笔题词。这样乐山的毛笔就逐渐有了名声，后人以“宋笔”称之。

宋笔采用的是峨眉山数种珍贵兽毛，用传统的手工工艺精制而成，笔毛刚柔相济，笔锋尖，腰力好，弹性强，圆直挺拔，书写时刚劲有力，收锋好，不散不乱，蓄墨适度。

清万元忠精制款漆管长锋一对
（带笔帽全长 29.3cm，笔杆长 21.5cm）

清朱黑漆戗金花卉纹提笔一对
笔杆长 23cm。笔杆髹朱黑两色漆，其上浅刻各种花卉，戗金而成。木质笔斗亦戗金卷草纹。

湖　笔

湖笔产于浙江湖州的善琏镇。相传善琏镇的制笔工艺来自蒙恬的教授。自元代开始，湖笔就深受人们的喜爱，广受推崇，被誉为“毛颖之技甲天下”，而善琏镇也被称之为“笔都”。据《湖州府志》记载：“湖州出笔，工遍海内。制笔者皆湖人，其地名善琏村。村有含山，山颠浮屠，其卓如笔。”

清彩漆管毛笔一对
（带笔帽全长 26.8cm，笔杆长 19.6cm）

清朱漆嵌花木管毛笔
（带笔帽全长26cm，笔帽长5.6cm）

湖笔选料讲究，工艺精细，品种繁多。粗的有碗口大，细的如绣花针，具有尖、齐、圆、健四大特点。尖：笔锋尖如锥状；齐：笔锋撮平后，齐如刀切；圆：笔头圆浑饱满；健：笔锋挺立，富有弹性。

历代制笔名家

黄晖：唐代制笔名家。他所制的笔因犀利如鸡距而被称为“鸡距笔”。相传他的制笔手艺得到了蒙恬的真传。

宣州陈氏：名字不详，唐代制笔名家。相传此人所制作的笔很受名人的喜爱。据说柳公权曾向陈氏求笔。大书法家都对陈氏的笔如此钟爱，可见他所制作的笔不同凡响。

施文用：明代笔工，浙江湖州人，原名施阿牛。所制作的笔精美绝伦，多做贡品，为达官贵人所青睐。乾隆皇帝嫌弃其名字粗陋，改其名为“施文用”。此后在湖笔界，施文用便有了很高的荣誉。

张文贵：明代笔工，杭州人。擅长制画笔，有“画笔以杭之张文贵为首称”的赞评。

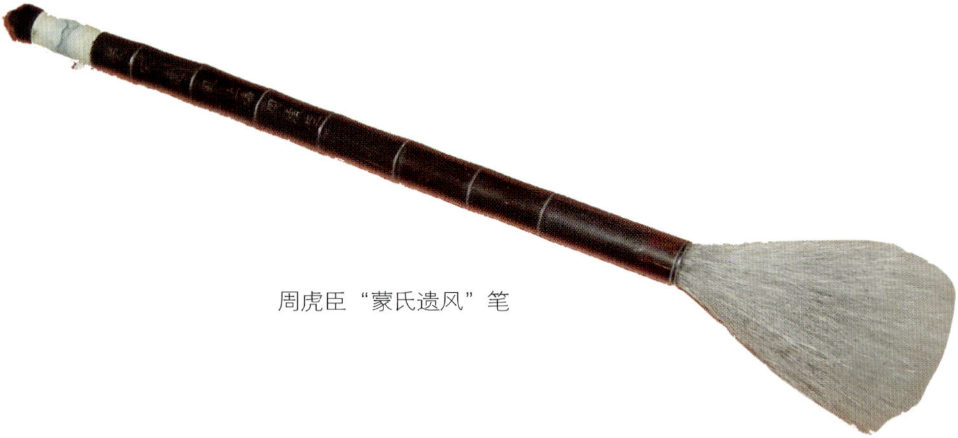

周虎臣“蒙氏遗风”笔

明倪元璐款刻桃竹图象牙管毛笔
笔杆长22.4cm。铭文：“无上妙品。倪元璐。”

周虎臣，清初著名笔工，江西临川（今抚州）人。其制笔选料、做工，以精美著称。康熙三十三年在苏州开设“周虎臣笔墨店”，专售自己制作的毛笔，制笔规模尚小。后来在上海开设了分店，继而总店也搬到了上海，曾拥有一百多名笔工。

王兴源：清代笔工。浙江湖州人，是湖笔名师之一，在扬州卖笔。

李馥斋：清道光时期著名笔工。擅长用兔毫兼羊毫制笔，具有湖笔的四大特色。还制作卷心笔，其功能超过一般规范，大可作擘窠巨字，小可作楷书，为当时书家文人所赞颂。

笔的收藏

要收藏古笔首先要先了解古笔本身的特性——何为好笔。一支好笔，要具有“尖”“齐”“圆”“健”四点。“尖”指的是笔锋尖锐，能更好地运笔；“齐”指的是将毫毛铺整后平齐，能够在使用中使全部的毫毛都能用上力；“圆”指的是笔头周围毫毛饱满，能够在运笔中用力均匀，挥洒自如；“健”指的是笔头苍劲有力，弹性适度。笔的收藏可从以下几方面着手：

一、收集名匠作品。历史上有很多制笔名家，古代就有人专门收集，但因古笔不易保存，所以留存至今的完整之笔很少。现在的收藏品大多是晚清至民国时期的作品。

二、按品种收集。毛笔种类繁多，收集一整套也很不容易。可以按笔毫品种或笔杆材质等收集。

明万历剔红人物图毛笔

长 22.7cm。造型纤细修长，制作讲究。笔身采用浮雕技法，底纹以小碎刀剔刻锦地纹，细密整齐，极见功力。底纹之上浮雕人物图，人物置于花木、山水之中，有站有坐，或动或静，举止自然，生动传神。笔帽和杆两端的边缘饰一周莲瓣纹。图案纹饰排列妥帖，构图饱满，布局合理，繁简有度，取意高雅，刀刀顺畅利落，藏锋不露，细部雕琢一丝不苟。通体红漆肥厚，漆质细腻润美，包浆亮丽，是一件难得的文房用器。

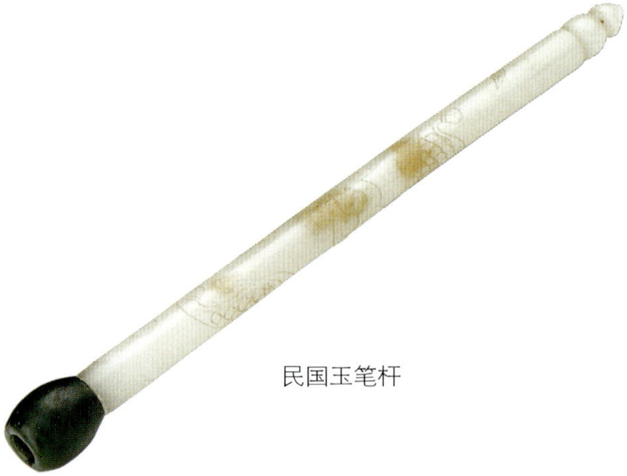

民国玉笔杆

三、收集流派作品。可以根据自己的喜好，专门收集湖笔，或专门收集宋笔等。不管收藏哪种毛笔都应该妥善保存。

收藏时要先用清水把上边的墨洗干净，尤其是笔头根部，然后要把笔的毛理顺，再晾干。其次还要注意防潮，防虫蛀，防磕碰。再者要定期查看，以防意外。

墨

墨是中国古代书写和绘画用的墨锭。墨的生产历史悠久，品种繁多。元末明初史学家陶宗仪曾在《辍耕录》中说："上古无墨，竹挺点漆而书。中古方以石磨汁，或云是延安石液。"古代人用的墨是天然的石墨。这种墨石的主要成分是碳，用时先将其磨成粉末，然后加水，用笔蘸着书写，这就是最初的墨。后来，人们研制出用于书画的墨。

清五剑堂制李白宴请图墨

清百子图圆盘形墨（直径 12.5cm）

墨的源流

墨的发明比笔要稍微晚一些。据考古发现，战国时期就有了墨块。《庄子》中有“舐笔和墨”，说明在战国时期就已经开始使用毛笔和墨了。但当时人们所使用的墨块还是天然生成的。汉代才出现人工制成的墨。

最初人工制墨的原料取自松烟，先是用手捏合，然后再用模子制成块。到了魏晋南北朝，制墨技术发展，墨的质量不断提升。唐代制墨业更发达，涌现出一批杰出的制墨名家。奚超、奚廷珪父子制出的墨“丰肌腻理，光泽如漆”。明代邵格之、程君房、方于鲁等各树一帜，他们制作的精品到现在仍然色彩焕发。清代制墨主要朝观赏和馈赠两个方面发展，使墨成为精美的工艺品。所谓观赏墨就是专门用来鉴赏的“鉴赏墨”，而馈赠墨则是用来赠墨送亲朋好友的“家藏墨”。

清东坡桌形本色墨
（长 24.5cm，宽 11.3cm，高 8cm，重 2400g）

墨的分类

墨的种类繁多，主要分为实用墨和观赏墨。实用墨用作书法、绘画等，讲究使用效果。观赏墨主要是为了鉴赏，讲究形状大小适宜、精美。从不同的质地上来看也有松烟墨、彩色墨、油烟墨、朱墨等之分。

清太平有象九贡墨（宽 10cm）

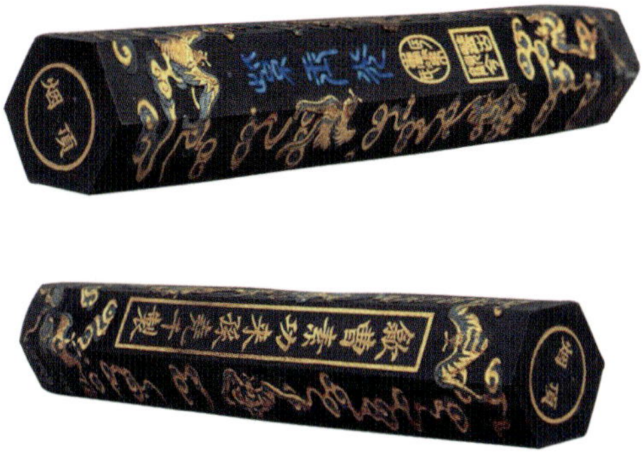

清曹尧千制紫玉光油烟墨

长 15cm，高 3.2cm。墨呈六棱柱体，其上浮雕描金蝙蝠祥云图案，中间铭“歙曹素功来孙尧千制”款，墨香怡人，保存较好。

清乾隆御用朱砂墨

（长 12.5cm，宽 3cm，高 1.5cm）

松烟墨

此种墨是由松烟和胶混合而制成的。其色泽细腻圆润，没有油腻感，且很容易附色，非常适于画工笔画。松烟墨质地细匀，远远超出天然的石墨，对书写更有利。

定版松烟墨

民国彩色墨

彩色墨

彩色墨分为朱砂墨、五彩墨、茶墨等品种。朱砂墨的颜色为朱红色，古代用来做批文或圈点，一些著名的画家还喜欢用它画盛开的梅花。五彩墨属于高档国画颜料，它采用的优质矿物颜料是从矿物中精炼出来的，因此价格相对要高一些。其质地紧密、细腻，不易褪色。

油烟墨

松烟墨出现以后，人们又将桐油等精炼成烟，然后加上麝香、冰片、牛皮胶等药材或珍贵的金银原料，制成油烟墨。油烟墨和松烟墨相比，其颜色更加亮泽，深受文人士子的喜爱。这种墨色泽黑润、香味浓郁、舔笔不晕、不易褪色，很适合作画。中国画一般都使用这种墨。

清一得阁制龙翔凤舞油烟墨
（长 13.5cm，宽 2.5cm，高 2cm）

明玉兰形油烟墨（高 11.5cm）

明宣德元年御制牛舌形朱砂墨

朱　墨

朱墨是用朱砂制成的墨。一般在石头上刻字时，在印面配字时或在古籍上标注时使用。朱墨有红、黑两种颜色，最常见的是朱墨套印。如果在朱墨中掺入水银，就会变得很沉重，而低劣的朱墨重量则会很轻。

贡　墨

贡墨一般是王公大臣请手艺高超的制墨名家专门制作的，这种墨是用来上贡给皇帝用的。很多贡墨都没有名款，也有的有“臣”之类的字款。像这类的墨是墨中的精品，也是收藏家的追逐对象。

清于鲁款如意形贡墨
（长 19.4cm，高 8.3cm）

清乾隆养心殿御墨（直径 9cm）

清乾隆御墨
（长25.8cm，宽7.6cm，高2.4cm）

御 墨

御墨是专门供皇帝用的。在唐朝，有专门为皇帝提供御墨的制墨处。清代，内务府中也设有库掌、匠人，专门制墨给皇帝使用。御墨的材质虽然上乘，但工艺不如徽州制墨名家所制的好，在外形上也差了很多。

药 墨

药墨起源于三国。从南唐开始，就有人往墨里加藤黄、犀角、巴豆等药材，使墨芬芳逼人，坚固耐用，不受虫蛀。它一度为官宦人家和文人雅士所争用。

早期胡开文制八宝五胆药墨

长 6.8cm，宽 4.5cm。一组两盒，仿缎面盒封装。精巧细腻，保存较好。

名墨名家

徽　墨

中国墨以徽墨最富盛誉，有“徽墨甲天下”的说法。徽墨历千年而声名不减，是中国制墨技艺中的一朵奇葩，因产自徽州而得名。徽州作为中国的“墨都”，从唐末五代开始就不断涌现出制墨名家，他们所制的墨就连御墨都不能与之相媲美。

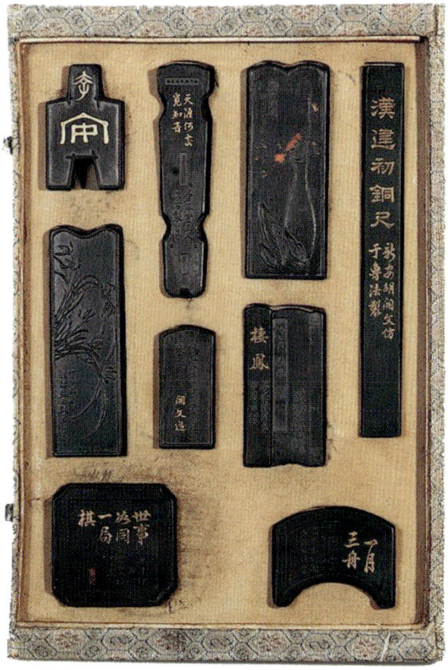

清徽墨

宋代，徽州成为制墨中心。明代，徽州方于鲁所制造的“铜雀瓦”被人称赞为不可超越的好墨。明代还出现了在墨中夹杂冰片、麝香等名贵药材的墨。这种墨不但质量过硬，而且形状上也更美观，大大提高了墨的观赏价值。此时人们还广泛使用“桐油烟”“漆烟”等。清代，徽墨发展至鼎盛时期，出现了曹素功、汪近圣、胡天注、汪节菴“四大制墨名家”。

朱子家训徽墨

长 9.2cm，宽 2.1cm，高 1.1cm。款为“徽州老胡开文监造”。

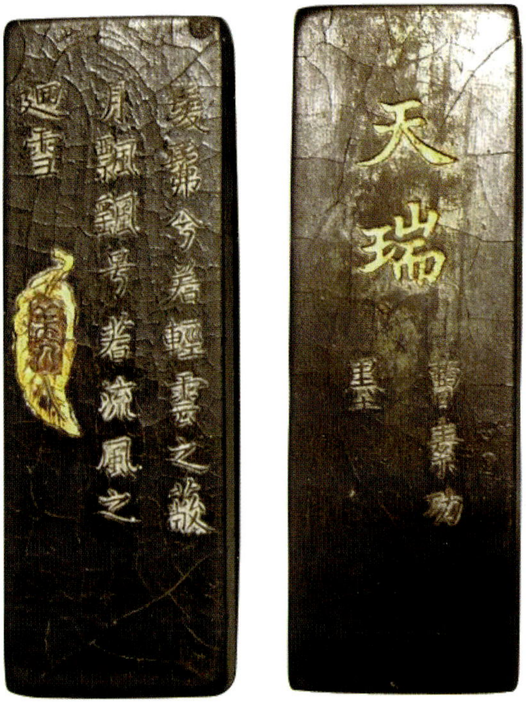

清曹素功制天瑞诗文墨
长 9cm，宽 3cm，高 1cm。墨体黑而发亮。

清孟春小崧年伯油烟墨
（长 9.6cm，宽 2.3cm）

制墨名家

曹素功：活动于明末清初。继承了明末著名制墨家吴叔大的工艺，经过改良，生产成规模后，将吴氏“玄粟斋”改为“艺粟斋”。他创制出的“天琛”“千秋光”“紫玉光”“豹囊丛赏”及“天瑞”等品种，备受文人雅士青睐。

汪近圣：活动于清康熙至乾隆年间，号鉴古。本是曹素功家的一个墨工，在做工期间学会了制墨手艺。后离开曹家，在徽州府城开设了经营墨的“鉴古斋”。他在曹素功制墨工艺的基础上又研制新墨，得到了人们的认可，成为一代制墨名家。他所做的集锦墨远近闻名，其雕工精美，装饰精巧，外形美观。

胡天注：字柱臣，号在丰，活动于清乾隆年间，是“胡开文”墨业的创始人。

清汪近圣制罗汉图墨

盒长 31cm，宽 21cm。这组九锭墨精巧别致，淡雅大方，模刻精细，美不可言。

胡天注在制墨中注重质量和设计，所制的墨款式新颖独特，雅俗共赏。清咸丰、同治年间，因社会环境的影响，徽墨走向衰落，但胡开文店的墨一直保持着兴盛的局面。其所制作的“铭园图”集锦墨工艺精美，“苍珮室墨”百年中一直作为贡品进献宫廷。

汪节菴：活动于清乾隆、嘉庆年间，也是徽墨的代表人物。他擅长制作集锦墨，技法独到而成品精善，深受推崇。所制名墨有“兰陵氏书画墨”“青麟髓墨”“新安大好山水墨”和集锦墨“西湖图” “古币墨”等。上海博物馆藏有汪节菴“西湖十景诗图”等集锦墨数套，弥足珍贵。

清汪节菴制五百斤油墨

清汪节菴制方墨（边长 11cm）

清胡开文制苍珮室墨

胡开文制民国纪念墨

长方形。正面上部二旗交叉，中间铭“纪念墨”三字，阳文隶书。

墨的鉴定与收藏

墨最初是文人尤其是书画家珍藏的对象。从宋代开始，文人对摆在书案上的墨有了新的要求——更在乎它的观赏性，因此要求墨质地精良，而形式与装饰上要美观大方。如故宫收藏的“乾隆御咏西湖十景十色墨”，色彩各异，墨的形式富于变化。一面为阴文楷书填金乾隆御咏西湖十景十色七言律诗，一面浮起诗中所咏西湖十景的图画——“曲院风荷”“花港观鱼”“苏堤春晓”“断桥残雪”“三潭印月”“双峰插云”“柳浪闻莺”“南屏晚钟”等。这种要求促成了视墨为工艺品的风气。苏东坡的诗句“墨成不敢用，进入蓬莱宫”，正好印证了这种风气。

清乾隆兰亭序图插屏式朱砂墨

通高27.4cm，总重3440.5g。此朱砂墨呈插屏状，由三块墨组合而成，应为观赏之用。墨主体呈长方形，委角。背面书王羲之的《兰亭序》全文。正面以人物图表现《兰亭序》，画面中老者谈笑风生，孩童嬉笑玩耍，与自然风景融为一体。正反两面均以云纹勾边。两底座完全一致，呈梯形，内有凹槽，外壁饰双龙纹。

这种玩墨鉴赏的风气发展到明嘉靖、万历年间已非常盛行。当时还出现了成套的丛墨，一般这种墨注重形式的多种变换，图案也力求新颖独特，外部还刻求精美的包装。多用黑漆描金匣，也有用金丝楠或乌木的，其造型精巧，易携带。甚至还有用木头制成类似装书画卷轴的手卷式盒，表面用锦缎装裱，非常别致。

清汪节菴制大富贵亦寿考朱砂墨

要想准确地鉴别墨的好坏、真伪，就要多看实物，从实践中积累大量的经验，然后加上自己对墨的理解及历史文献和相关资料的印证，认真分析才能准确地鉴别。多看实物能够帮助记忆名家名作的图案、风格、墨质、题识等。而多看相关文献资料，有

清百寿图碗形朱砂墨

高 4.5cm，口径 12.6cm。底款为“大清乾隆年汪进圣制”。呈碗盏状，内书百寿，外绘龙纹，碗心鎏金篆书“御制”字样。工艺精湛，墨质上乘，值得收藏。

助于掌握各个地方的墨的特点和风格。这样，即便是没有款识的仿墨，也能够根据其特点判断出它是仿自哪位名家、哪种名墨。比如康熙三十五年制的“耕织图”、乾隆三十年制的“棉花图”，在两者年份之前是没有“耕织图”“棉花图”的，否则即为赝品。

胡开文制乾隆御题棉花图诗墨

此墨是胡开文墨业鼎盛时期所制的套墨，由清光绪刻模大家王绥之雕刻，图案精美。此套墨的墨模现收藏于安徽省博物馆。正面是棉花从播种到织布的劳动场面。背面是乾隆御题诗，阴文填金。顶部是阳文“两淮贡墨”。

清康熙耕织图墨

全套墨共 47 锭，两匣分装。一匣贮 24 锭，除一锭为椭圆形外，余皆为长方形，大小不等。第一锭墨一面以漱金折带纹为边框，中央直书阴文填金楷字“御制耕织图诗”，上嵌一小珍珠，另一面为描金银龙纹。其余 23 锭样式相似，均正面为图案，背面为漱金康熙御诗。图案主要反映了浸种、耕作、布秧、初秧等耕作的一套流程。另一匣贮 23 锭，墨形与上匣相仿。正面为养蚕织布的场景，如浴蚕、采桑、上簇等，背面亦为漱金康熙御诗。其中“成衣”这锭墨的边侧有“曹素功谨制”五字款。康熙帝文韬武略，体恤民情，在位 61 年，重视农耕，发展经济，这套御制耕织图墨可窥一斑。以耕织图入墨为曹素功所创。

严镇凌民制象棋形仿古油烟墨

直径 4.5cm。墨呈铜鼓形，一套 32 锭。通体漆黑、描金彩绘，一面篆隶填朱，一面篆隶填绿，背面皆钤填金阴识“严镇凌民按易水法”印。鼓腹饰夔龙纹，古朴典雅，融棋艺、绘画、书法、制墨于一体，文人气息浓厚，置于案头平添无限佳趣。是墨坚如玉，纹如犀，黑如漆，古墨幽香，保存较好。

还可从避讳与雕刻手法来鉴定墨的年代。

封建社会的避讳，分国讳和家讳两种。国讳一般是讳皇帝和孔子的名字，而家讳则是讳自己先祖的名字。一般避讳的方法是在书写时改字或减少笔画。对于明清古墨的鉴定，避讳更显重要。明清两代的墨，斋名常用“玄”字，有“九玄三极”“玄元灵气”等。但是清康熙帝的名字为玄烨，就要讳“玄”字，如将“玄”字写成“元”字。墨中有“玄”字的就一定不是康熙年间的产物。而明墨的“玄”字也给明墨带来了很大损失。带“玄”字的明墨在清代多被挖去此字，或整个被毁坏。

明清时期的墨品由于受书画各个流派的影响，其雕刻风格也有流变。不管是雕工的技法还是特点都有着明显的时代区别。

明嘉靖砖形墨

清纶阁墨（长 15cm）

明代的书法苍劲有力。为了表现出这种遒劲，在雕刻的手法上需要将刀用得深厚一些。其字刚劲有力，阳文锋芒峻厉。清代的书法隽秀柔润。为了凸显这种精美、秀气、细润的风格，用刀就要轻柔。其字有柔丽清雅之美。绘画对纹样雕刻的影响也是一样的。因为明清两代的雕刻手法不同，所以就形成了两种不同的雕刻墨模的技巧，产生了两个流派：一为明代刀法，深厚有力；一为清代刀法，柔细清雅。掌握了这些知识，就可以从雕工方面鉴定明清两代墨了。

另外，明清两代为了避免因更换墨模而影响墨面，一般情况下不在模上刻年款，即便是刻，也是刻在侧面。从墨模方面鉴定墨品，要着重看其清晰度。使用时间久的墨模，墨面大多模糊不清；墨模还可能是复制的，年代则更晚一些。相反，若是初刻初版，墨面、印章等都特别清晰。所以说，墨模能够反映出墨家业务的大小和经营盛衰的情况。

此外，文人、官吏为了请名家制墨，不惜花高价，所制出的具有纪念意义的墨品，一般都有年款。这也为墨的鉴定提供了一些方便。

清乾隆国宝御墨

长 20cm，宽 7.2cm。墨锭黝黑，呈牛舌形，温润沉香，造型尽显皇室气派。正面浮镂二金龙腾云驾雾，正中泥金阴识“国宝”二字，背面阴识填金楷书“大清乾隆年造”，四周祥云镂饰。传世明代御墨珍品中有“大明永乐年造”“国宝”款墨，乾隆此墨形制、纹饰完全仿明。北京故宫博物院所藏刘源（清康熙初年任刑部主事）为康熙帝所制的各式御墨中也有“国宝”款墨。

清乾隆骑犊归来图墨

长 33.7cm，重 2552g。墨呈长方形，整体以描金勾画。墨正面描摹明代书画名家唐寅的作品《骑犊归来图》，背面有题诗一首。墨正反两面均以描金几何纹勾边。左右两侧分别落有“臣彭元瑞恭摹”“大清乾隆年制”楷书款。

从墨的漆衣方面也可鉴定墨的年代。凡是年代久远的漆衣墨，漆衣就会有脱落。其纹样像蛇皮，而漆皮显得深厚，有纹而不裂，隐蕴在漆皮之间。明万历年间，漆皮墨比较盛行，清康熙年间则较少。乾隆晚期的漆衣墨，亮丽而苍劲、浑厚不足。

清文昌宫诗文墨

长 9cm。呈委角长方形，一面刻文昌帝君像。文昌帝君为古代主文运的神，为读书人所崇祀。墨面中帝君坐于马上，“天聋”“地哑”二童仆侍立左右，帝君前一长须者双手捧卷轴正欲呈上。画面顶部书“文昌宫”三字，点明主题。背面以蝇头小楷书整篇《文昌帝君阴骘文》，五百余字工整地排列于仅二指宽的墨面，非凝神屏息不能识。墨锭顶部写“顶烟”二字，一侧以阳文标“徽州胡开文虔制”。墨质细腻，色深沉，体量小却文画俱全。小巧且精细的姿态正昭示出制墨人的高超技艺和骄傲。

清乾隆凤凰纹御墨
（长 8.2cm，宽 4.2cm，高 1.5cm）

墨的漆边也是鉴定年代的依据。明代多上下左右侧通漆边，正背面为本色。清代多漆两面的边，两侧上下都不漆。

从质地与气味方面也能鉴定墨的新老。新墨质地粗糙无光，带灰色，虽浓厚但不朗润，旧墨质地纯黑朗润，色泽纯黑，色感厚实；新墨气味有燥性，而旧墨有一股淡远的馨香之气，且显出一种古朴的色调。

清代墨家仿制的明墨，一般都署明年款，而不署墨家名款。有一种伪品较难辨别，它是把清代初年制的精品墨的名款挖去，然后用墨蜡填平，并在墨蜡处镌刻上明代的名章、年款，略施金色，打磨而成。有一种仿品是署某墨家仿明代或清代某墨家。这类仿品有仿者的名款，也有被仿者的名款，只是为宣扬自己。

纸

纸是中国古代科学技术的重大发明之一，为中国古代的繁荣提供了物质技术的基础。它结束了古代简牍“沉重”的历史，大大促进了文化的传播与发展。自古以来，文人士子对好纸的追求孜孜不倦，如现代书法家白蕉甚至用自己的书画来换取好纸。

宋麻纸

然而，纸不易保存，易因受潮而腐烂，因日晒而破裂，还易被虫蛀，所以保存古纸要格外小心。

清徐桢花鸟扇面（罗纹洒金宣）

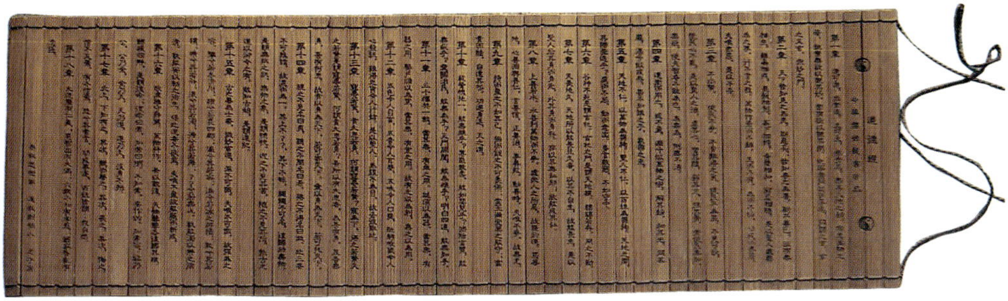

《道德经》竹书

纸的源流

远古时期，结绳记事，后出现了甲骨文。再后来，将竹片、木片、金帛等作为书写的材料，但这些材料或沉重或昂贵。

西汉时期，人们开始大量造纸。魏晋南北朝时期，纸被广泛使用，造纸业也随之发展，出现了很多种纸，而且质量大有提高。隋唐时期，诞生了著名的宣纸。唐代继承前代染黄纸的技术，并更新改良，在纸上均匀地涂上一层蜡然后磨光，使其光洁亮丽。这就是人们所说的硬黄纸。唐朝时期人们用来写经的硬黄纸和五代、北宋时期的澄心堂纸都是熟宣纸。到了明清时期，宣纸已成为人们用于书画的必备纸。

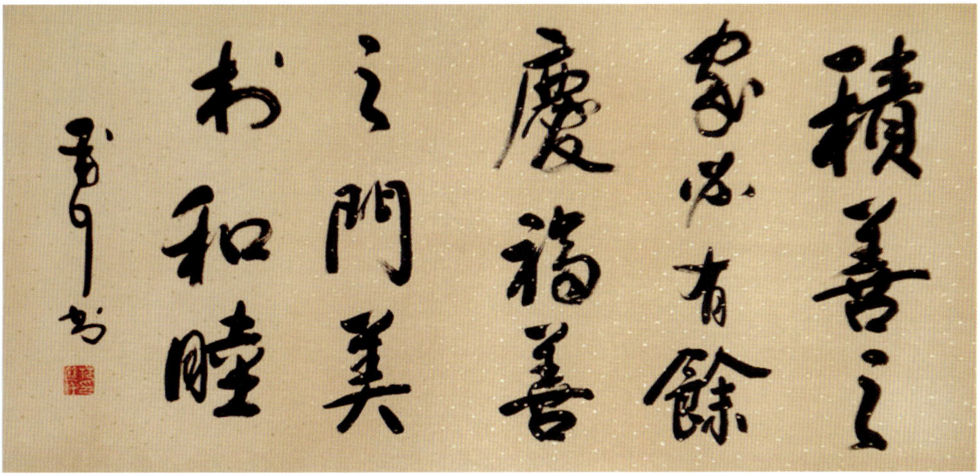

范继祥书法（横 134cm，纵 67cm。洒金宣）

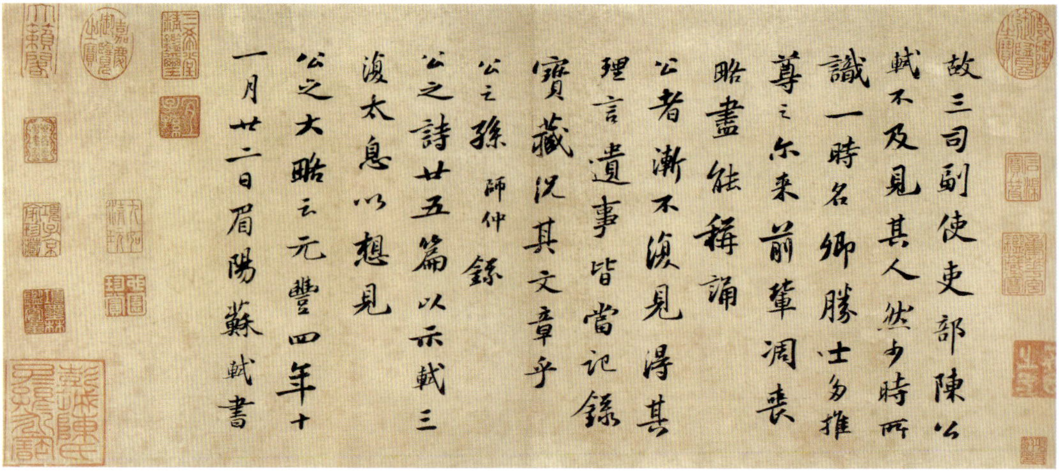
故三司副使吏部陳公
軾不及見其人然少時所
識一時名卿勝士多推
尊之尔來前輩凋喪
略盡能稱誦
公者漸不復見得其
理言遺事皆當記錄
寶藏況其文章乎
公之孫師仲錄
公之詩廿五篇以示軾三
復太息以想見
公之大略云元豐四年十
一月廿二日眉陽蘇軾書

宋苏轼吏部陈公诗跋（澄心堂纸）

清洒金粉蜡笺

横 202cm，纵 102.2cm。黄、粉、红、蓝、橙色，两面皆洒金箔。为宫廷用纸，色彩明艳华丽。

五代时期的制纸业仍然处于发展阶段。歙州制造的澄心堂纸，一直到北宋都是公认的好纸。北宋还开始了纸的回收再利用，这大大缩短了制纸的时间，还节省材料。这种再生纸被称作“还魂纸”。

元代，造纸业开始凋零。明代，造纸业出现了转机，制作有宣纸、竹纸、宣德纸、松江潭笺等。清代，宣纸成为家喻户晓的名纸。清康熙、乾隆时期经济发达，人们安享太平盛世，造纸业也就更加兴盛，所制造的纸更是精美多样，其中的粉蜡笺达到了精美绝伦的境界。清代上佳纸品有描金云龙五色粉蜡笺、描金银粉蜡笺、彩绘研光蜡笺、印花染色花笺等。

纸的种类

中国历代有很多名纸，早期的如絮纸、灞桥纸、居延纸、中颜纸、罗布淖尔纸、旱滩坡纸、蔡侯纸等，有的见于文献记载，有的则属考古发现。唐宋名纸有宣纸、薛涛笺、水纹纸等。

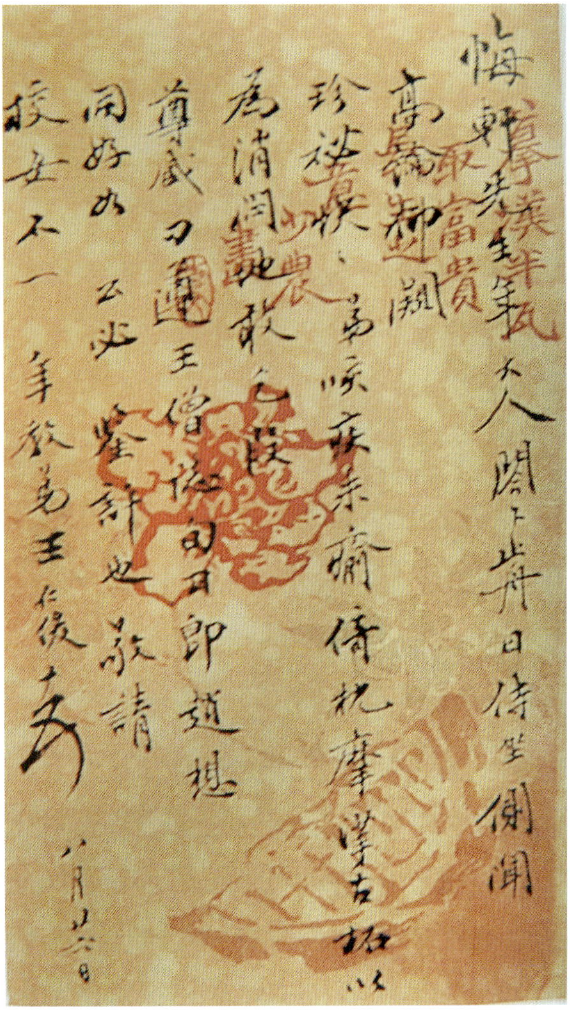

民国王仁俊信札（虎皮宣）

宣　纸

宣纸可分为生宣、半生不熟宣和熟宣。生宣指的是在生产后就直接使用的宣纸，又叫生纸。其吸水性能、润墨性能都较强，适合用作泼墨画、写意画。熟宣即等纸生产出来以后再经过矾水浸泡的纸，这样的纸又叫作矾宣，适用于书写楷书、隶书或画工整齐的工笔画。而用植物汁液浸泡过的生宣就是半生不熟宣。这样的宣纸有一定的抗水能力，在书写或作画时所用的墨散得慢，适用于书写小幅册页或画兼工带写的画。

唐朝以前的宣纸都是采用檀树皮作为原料，到了宋元以后就改用桑、竹、麻等价格便宜的原料。宣纸质地严密、有韧性、纹理美观，且洁白如玉，还有耐老化、防虫蛀、耐高温、耐日照的特点，所以有“千年美纸”“纸中之王”的美称。

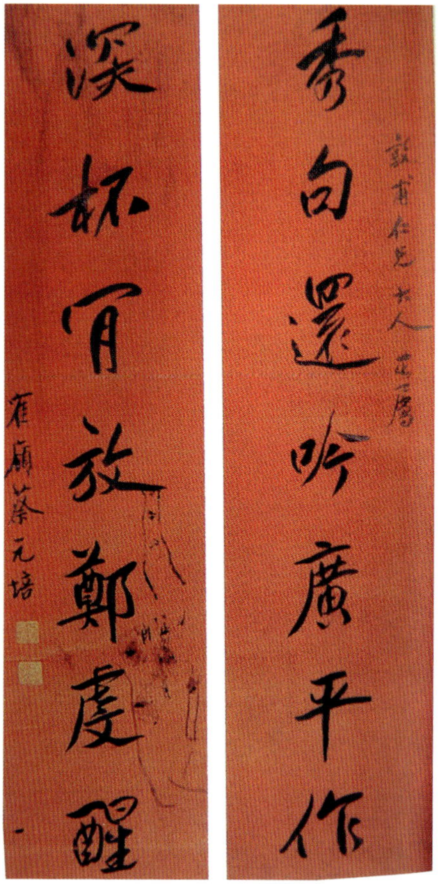

民国蔡元培行书七言联（宣纸）

岩宇行书忍字并歌诀（洒金宣）

薛涛笺

薛涛是唐代的一位女诗人，她所设计的笺纸，便于写诗，长宽适度。后慢慢地被用作写信，甚至国札也用此笺，流传至今。

根据记载，薛涛把鸡冠花、荷花还有一些红色花的花瓣捣碎成汁，再用毛笔或刷子将汁液涂在纸上。为了使颜色均匀散开，就用吸水麻纸附贴纸上，再一张张压平、阴干。为了使小彩笺更秀美，还在上面撒一些花瓣来装饰。这一方法和传统的浸渍相比更加省料、方便。

薛涛笺的颜色有粉红、深红、明黄、浅青、深绿、铜绿等。

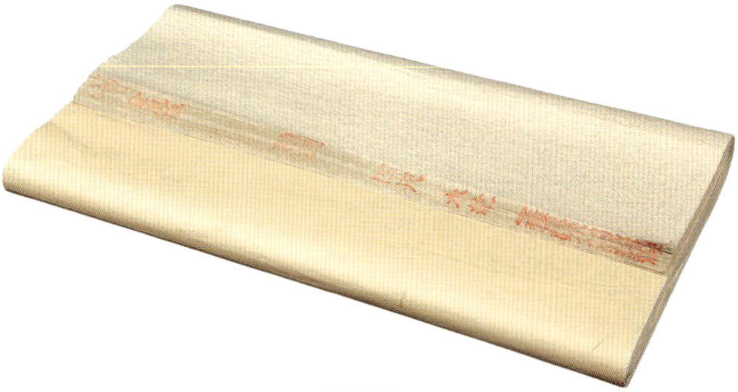

水纹纸

水纹纸

水纹纸又名“花帘纸”。这种纸在太阳的光照下除帘纹以外还能看见发亮的线纹或图案。

春色满园图（水纹纸）

水纹纸的制作方法有两种：一种是在纸帘上用线编成纹理或图案，它们凸起于帘面，抄纸时所在处浆薄，故纹理或图案发亮而呈现于纸上；一种是将雕有纹理或图案的木制或其他材料的模子，以强力压在纸面上。

水纹纸的发明起源于唐代。早期多用作诗笺、信纸、法帖纸。北京故宫博物院所藏宋初李建中的《同年帖》，为迄今所见世界上最早的水纹纸。北宋书画家米芾的《韩马帖》，纸有云中楼阁图案，是更为复杂的水纹纸。

五色粉蜡笺

粉蜡笺起源于唐代，结合了魏晋南北朝的填粉纸和唐代的加蜡纸的优点，是一种多层宣纸。其底料是皮质，在底料上施粉并加染淡绿、黄、蓝、粉红、白五色，然后涂上一层蜡，打磨光滑。这种精心制作的纸被称为“五色粉蜡笺”。

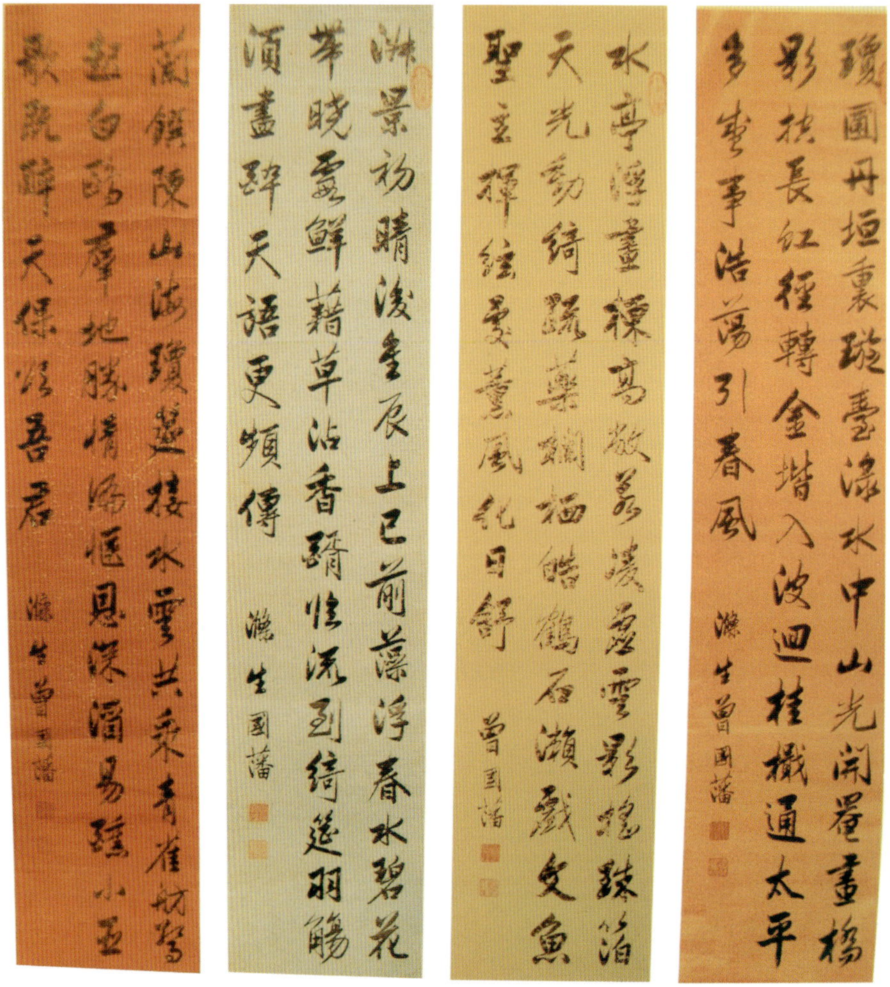

清曾国藩行书（洒金蜡笺）

有的粉蜡笺在纸面上施加金银粉，称为“洒金银五色粉蜡笺”；有的粉蜡笺用泥金在纸面上描绘花鸟、山水、云龙等图案，称为“描金五色粉蜡笺”。

五色粉蜡笺的防水性能极强，表面光滑、透亮，还有很强的防虫蛀功能，可长久张挂。在这种纸上书写绘画后，墨色易凝聚在其表面，使书法、图案看上去更黝黑发亮。因这种纸的制作成本极高，所以一般常见于宫廷，很少在民间流传。

澄心堂纸

这种纸是南唐时歙州所产的宣纸。它薄如卵膜，洁白如玉，细薄光润，有的五十尺为一幅，从头到尾，匀薄如一。南唐后主李煜特别喜爱这种纸，特意将它贮藏于自己读书和批阅奏章的处所——澄心堂，供宫中长期使用，所以称“澄心堂纸”，后世视之为艺术瑰宝。

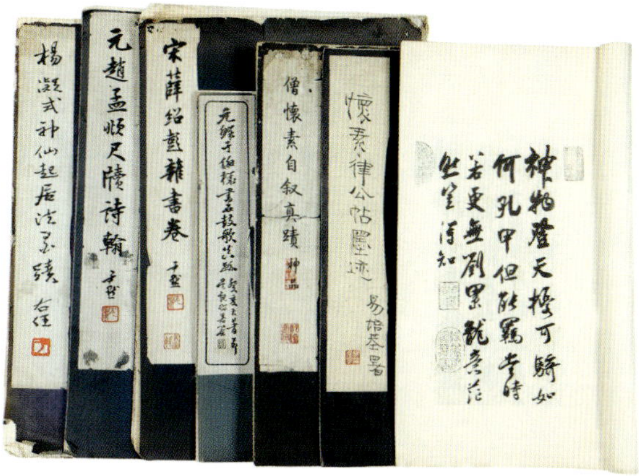

宋吴琚诗帖等民国珂罗版墨迹本
（用清乾隆高丽纸制）

高丽纸

高丽纸出产于高丽。这种纸多为粗条帘纹，比白皮纸厚。宋元明清时期，中国所使用的高丽纸大多是桑皮纸。清乾隆时期曾仿制高丽纸。

清末高丽纸

金粟笺

金粟笺又称蜡黄经纸，是宋太祖赵匡胤时的一种硬黄纸。赵匡胤提倡佛教，全国掀起了一阵印经之风，为满足这种需求，歙州专门生产一种有浓淡斑纹的经纸，当时浙江海盐金粟山下金粟寺所需要的纸最多，所以称其为“金粟笺”。其特点是质地硬密，光亮呈半透明，防蛀抗水，色泽美丽，寿命很长，虽历千年，犹如新制。

梅花玉版笺

这种纸创于清康熙年间，乾隆年间盛行。为皮质，在表面上施用粉蜡，然后用泥金或泥银在上面绘制梅花图案。

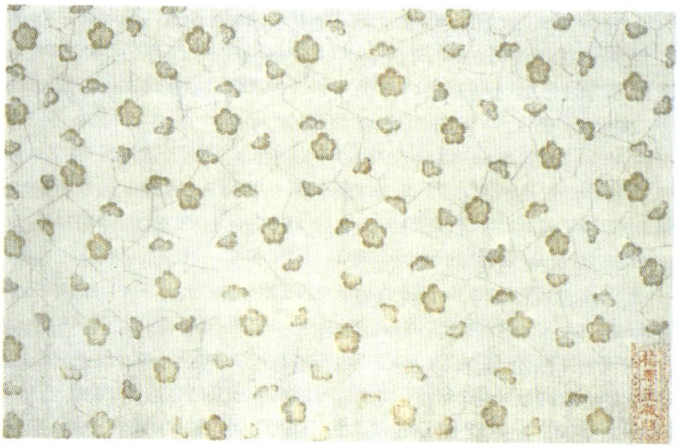

清乾隆冰纹梅花工版笺

明清书画、习字用纸

明清时期，造纸业一直很发达，纸的种类更是繁多，除了上述的一些种类以外，还有很多适用于书画、习字的纸，如毛边纸、元书纸、连史纸。

毛边纸

毛边纸是一种竹纸。明末时期出产于江西，原料是竹子。这种纸纸质细腻，托墨、吸水性能好，很适合写字，也可以用来印书。

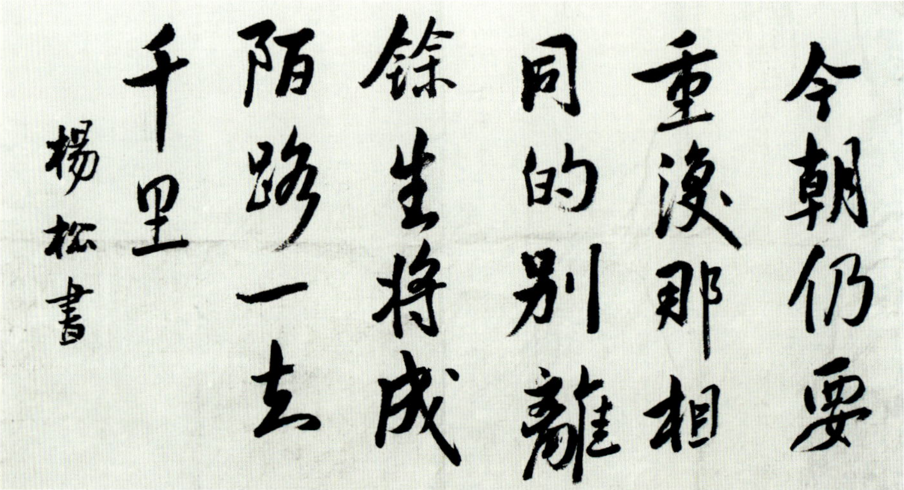

杨松书法（毛边纸）

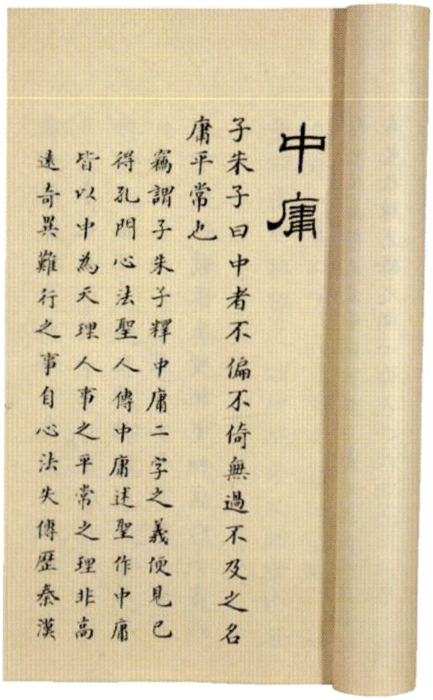

清胡德纯纂《中庸质语》（毛边纸）

明仇英绘列女传十六卷（毛边纸）

明末清初大藏书家毛晋，常用竹纸来印书。他从江西订购大量的竹纸，并在纸的边缘上留下一个篆书“毛”字，所以人们就把这种纸叫作“毛边纸”，此名沿用至今。

毛边纸质地细嫩、柔软，韧性好，略带蛋黄色，吸水性强。用于书写、印刷，易吸干墨，字迹经久不变。较重的毛边纸又称“玉扣纸”，江西横江出产的仿毛边纸又称“重纸”。

元书纸

元书纸产于浙江富阳一带。用竹浆抄造。纸质较差，但吸水性好，呈蛋黄色。多用作习写大小楷。

元书纸

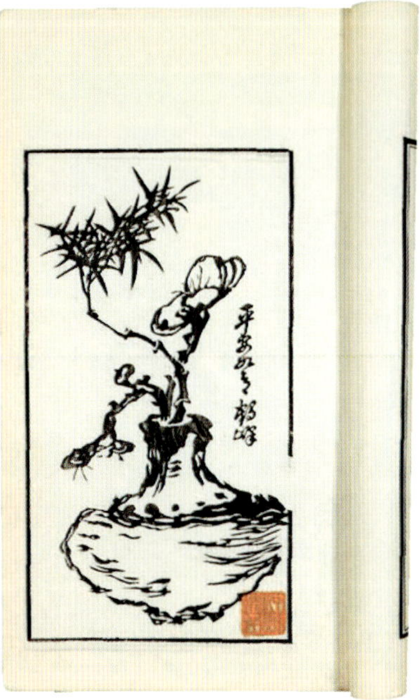

清吴子嘉绘《兰竹名世》（连史纸）

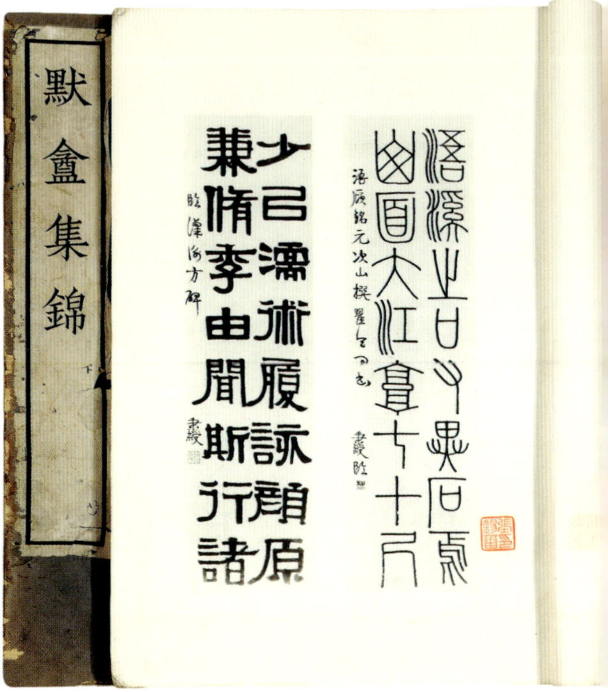

默盦集锦（连史纸）

连史纸

连史纸产于福建邵武，以及闽北地区和江西铅山一带，又叫“连四纸”“连泗纸”。相传是邵武连姓兄弟二人经过多年研制，精工抄造而成，因兄弟俩排行第三、第四而得名。纸质较厚者又称为“海月纸”。

连史纸采用嫩竹做原料，碱法蒸煮，漂白制浆，手工竹帘抄造。纸质均匀，洁白如羊脂玉，书写作画均宜，多用来制作高级手工印品，如碑帖、信笺、扇面原纸等。

古纸的鉴定

市面上常见的古纸大致分为四个时期：清初期、清中期、清晚期、民国。明天启至清康熙年间的好纸不是很多。清乾隆年间多产好纸。清嘉庆年间的纸一般都是仿前朝的。而清末、民国时期常仿制乾隆御用笺。

对于古纸的鉴定，首先，要掌握各个时期纸的制作特点。其次，要熟练掌握各种纸笺的制作特点、形式及装饰图案。最后，要看纸的表面是否光滑、均匀、洁净，是否有瑕疵或杂渍，颜色是否旧得自然。

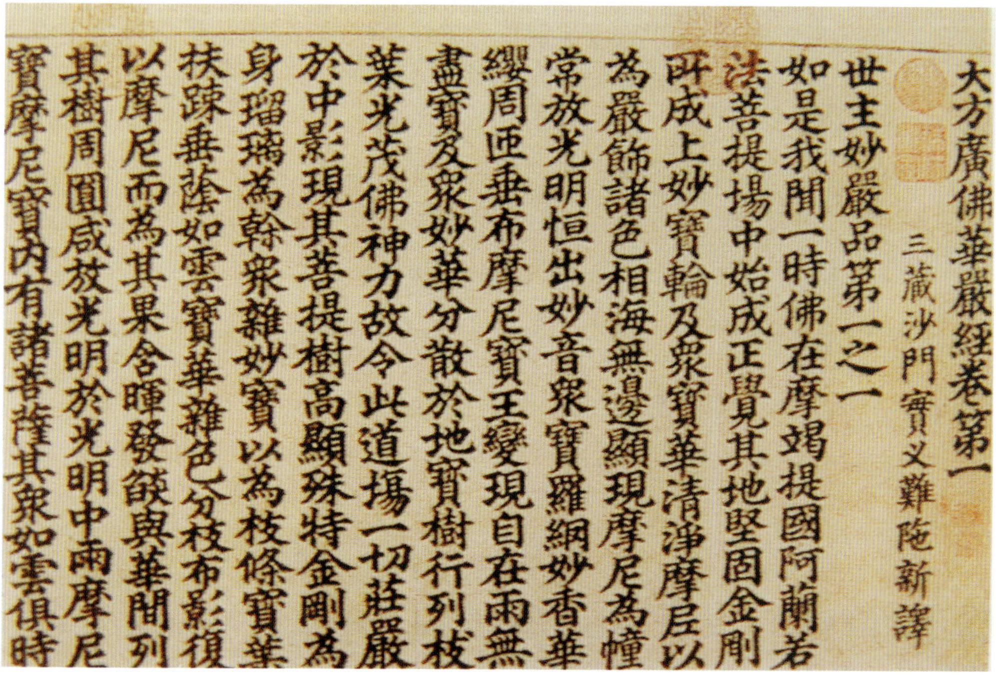
大方廣佛華嚴經卷第一
三藏沙門實叉難陀新譯
世主妙嚴品第一之一
如是我聞一時佛在摩竭提國阿蘭若
法菩提場中始成正覺其地堅固金剛
所成上妙寶輪及衆寶華清淨摩尼以
為嚴飾諸色相海無邊顯現摩尼為幢
常放光明恒出妙音衆寶羅網妙香華
纓周匝垂布摩尼寶王變現自在雨無
盡寶及衆妙華分散於地寶樹行列枝
葉光茂佛神力故令此道場一切莊嚴
於中影現其菩提樹高顯殊特金剛為
身瑠璃為幹衆雜妙寶以為枝條寶葉
扶疎垂蔭如雲寶華雜色分枝布影復
以摩尼而為其果含暉發燄與華間列
其樹周圓咸放光明於光明中雨摩尼
寶摩尼寶內有諸菩薩其衆如雲俱時

宋《大方广佛华严经》（藏经纸）

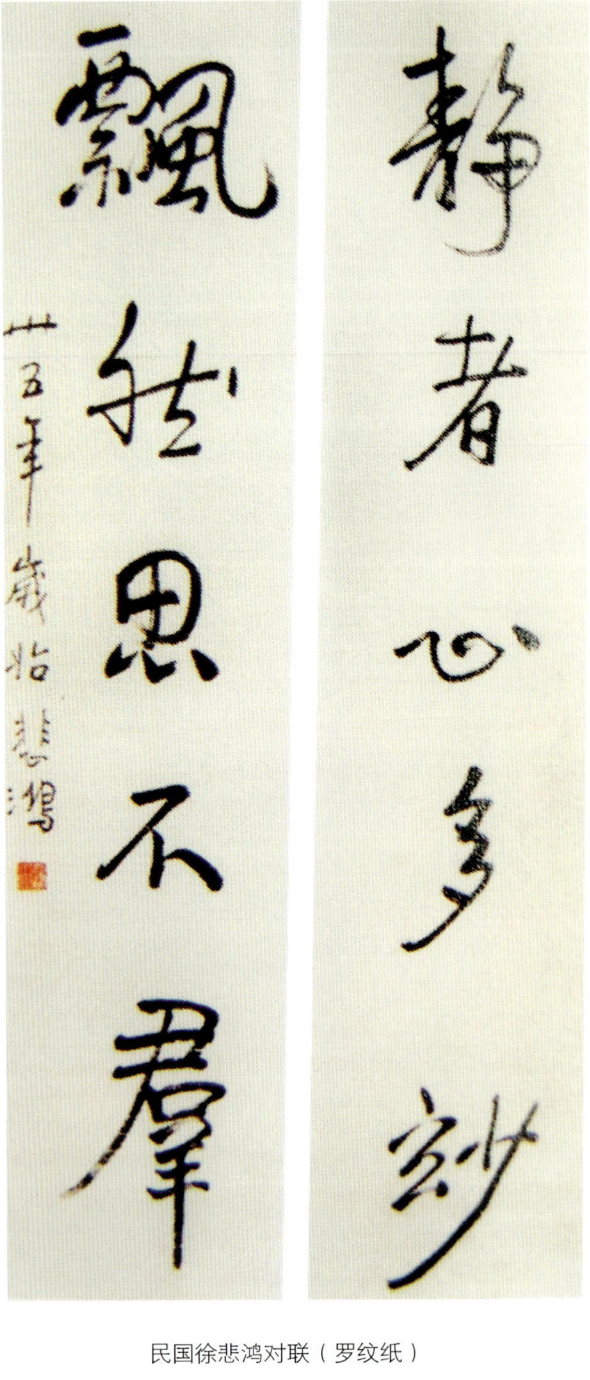

民国徐悲鸿对联（罗纹纸）

传世的真品古纸颜色要淡且旧，但是内里却很新，表面光滑，没有杂渍。真品古纸通常比较厚，破碎后呈小块状，断面多有斜纹。而仿造的古纸虽然使用手段将颜色做旧，但看上去没有自然的历史年代痕迹，颜色大多为鼠灰或麦黄色，内外一样，不像古纸有分明的层次感，而且较薄，易碎。

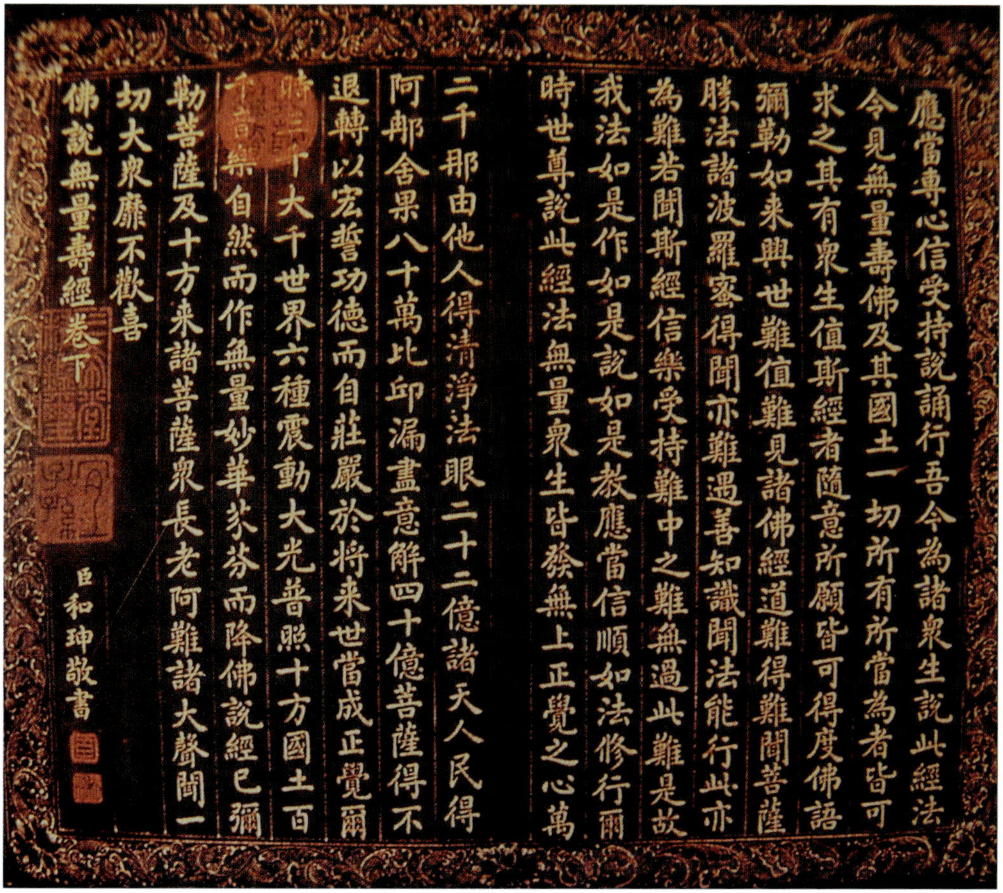
應當專心信受持說誦行吾今為諸衆生說此經法
令見無量壽佛及其國土一切所有所當為者皆可
求之其有衆生值斯經者隨意所願皆可得度佛語
彌勒如来興世難值難見諸佛經道難得難聞菩薩
勝法諸波羅蜜得聞亦難遇善知識聞法能行此亦
為難若聞斯經信樂受持難中之難無過此難是故
我法如是作如是說如是教應當信順如法修行爾
時世尊說此經法無量衆生皆發無上正覺之心萬
二千那由他人得清淨法眼二十二億諸天人民得
阿那含果八十萬比丘漏盡意解四十億菩薩得不
退轉以宏誓功德而自莊嚴於將来世當成正覺爾
時三千大千世界六種震動大光普照十方國土百
千音樂自然而作無量妙華芬芬而降佛說經已彌
勒菩薩及十方来諸菩薩衆長老阿難諸大聲聞一
切大衆靡不歡喜
佛說無量壽經卷下
臣和珅敬書

清和珅泥金写本《佛说无量寿经》（瓷青纸）

砚

古人写字起初是用笔直接蘸石墨。后因不方便，便把石墨用石、玉、铜等研成粉末，然后再用，于是产生了砚，而因为用石头的最多，所以也称之为砚石。殷商时期，陶制砚台开始使用。经反复实践，人们最终认为石、陶、玉等是最适合做砚台的原料，而石料是使用得最为广泛的。石制的砚被称为石砚。

砚经历秦汉、魏晋南北朝，到了唐代已有了很大的发展。到今天，更是种类繁多。

清末民国初快雪堂款葫芦蝴蝶纹澄泥砚

清鳝鱼黄澄泥砚

砚的品种

砚是磨墨器，又叫砚田、墨海、磨盘。石砚经过各个朝代的发展，其种类有很多。唐宋时期人们开始使用“三大名砚”——端砚、歙砚、洮河砚。端砚是用广东端州（治今肇庆）的端石所制；歙砚是用安徽歙州（治今歙县）的歙石所制；洮河砚是用甘肃临洮的洮河石所制。到了清代末期，随着山西绛州（治今新绛）澄泥砚的盛行，便形成了“四大名砚”。除四大名砚之外，还有“鲁砚”“松花砚”“贺兰砚”“金星砚”“罗纹砚”等名砚，均为古代文人士子所喜见乐用。

清乾隆紫檀座茶晶砚屏（高 16cm）

清翰墨斋雕龙澄泥砚（长 23cm，宽 16cm，厚 4cm）

端 砚

端砚是四大名砚中名声最大的，也是出名最早的，被称为“群砚之首”。端砚质地细润、晶莹有光，为历代文人所重视。在古代，朝廷专门设有“砚官”监管端砚的开采，还下令禁止民间私自开采使用。端砚是用端州的端石制成，而端石中的名贵石品是很不容易采到的。

在端石众多的种类中，鱼脑冻最为珍贵。这种石头一般产于水岩，看上去就像被冻上的鱼脑。质地细腻、柔滑、圆润、娇嫩。

清端砚（长 21cm，宽 11cm）

端　砚

青花是一种名贵的石品。其纹理细腻，像水藻、似轻纱，隐隐约约地泻在紫石之上，放在水里，才能清晰地看见。

清圆形端砚（直径 35cm）

蕉叶白是端石品种之一。其形状像蕉叶，故名。主要出产于老坑，质地细腻、娇嫩，易于发墨。

端砚中还有猪肝冻、冰纹、天青、金星点、金银线等品种。

端砚上的石眼，按形状可分为象眼、鹦哥眼、乌鸦眼等，按“神态”来分则有泪眼、活眼、瞎眼等，还有底眼、低眼、高眼之分。石眼只起装饰作用，没有实用价值。

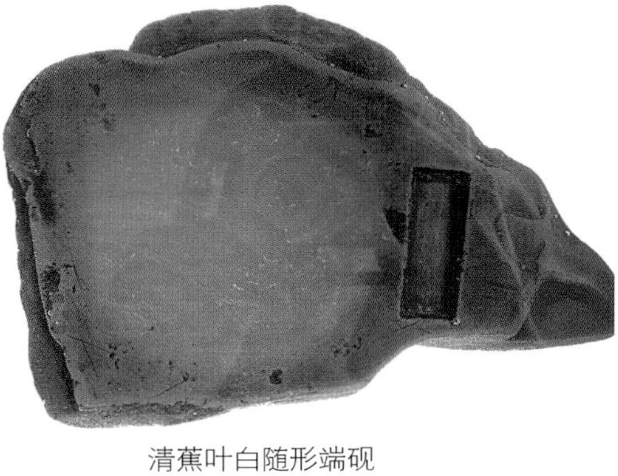

清蕉叶白随形端砚

清端砚（长 30cm，宽 25cm）

歙 砚

歙砚（长 12cm，宽 8cm，厚 2.5cm）

唐宋时期，歙砚生产于歙州。最有名的石料产地是江西省婺源县的龙尾山，人称砚山。这里的石料所制的砚台叫作“龙尾砚”。

歙砚的石品种类很多。眉纹是歙砚石中花纹之一，也被用作石品名。按纹络可以把眉纹石分为七种，其中眉子、雁湖最受人喜爱。

罗纹，因石纹像丝罗而得名。有古犀罗纹、松纹罗纹、金丝罗纹等。

在石中融有谷粒状结晶物的石品，就是歙砚中的金星纹。这种石品在光线的照耀下，其结晶物会熠熠发光。其金星不管怎么研磨都不会掉。金星纹是歙砚中的佳品。

门字水浪眉纹歙砚（长 20.3cm，宽 11.5cm，厚 3.5cm）

洮河砚

甘肃洮河东岸喇嘛崖盛产洮河石，它之所以名贵完全是因为稀少。采石区处于悬崖之上，山崖下边是湍湍流淌的河水，非常难于开采。这种石料质地严密、细腻，石中有像丝絮一样的纹理。洮河石分为绿洮、红洮两种，其中最珍贵的是绿洮。

洮河砚的表面多采用浮雕、透雕等技法来雕刻大面积的图案。其图案清晰，风格质朴。

蓬莱八仙兰亭歙砚

民国洮河砚（长 13.5cm，宽 6cm）

澄泥砚

澄泥砚产于绛州，起源于唐代，迄今已经有上千年的历史。

清鱼形澄泥砚

澄泥砚采用的原料是澄泥，不像端石、歙石、洮河石那样是天然形成的，而且澄泥砚是人工烧制而成的。泥料有很强的可塑性，所以澄泥砚有自己独具的风格。澄泥砚的制作注重外形和图案，讲究精心雕刻，图案古朴，造型大方。其质地细腻、坚实，但细而不涸，坚而不燥。

清赤壁泛舟图澄泥砚

鲁　砚

山东一带古称“齐鲁”，现简称“鲁”。山东境内出产十多种砚石，有“红丝砚”“薛南山石砚”“徐公砚”“温石砚”“龟石砚”“田横石砚”等，这些品种合称“鲁砚”。鲁砚中最珍贵的，也最受人喜爱的是红丝砚，其质地细密、精致，摸上去像膏状物一样。

清红丝砚（长 20cm，宽 10cm）

清松花砚

松花砚

松花砚是长白山脚下松花江产的石砚。起源于明末，到了清代备受推崇，曾是清代早、中期的御用石砚。松花砚的原料松花石又叫松花玉。清乾隆帝曾说："混同江（即指松花江）产松花玉，色净绿，细腻温润，可中砚材。"

松花砚质地坚实。色彩明丽，有深绿、浅绿，还掺杂有黄色。其纹理细小，大多为螺旋纹，酷像松花，故名。

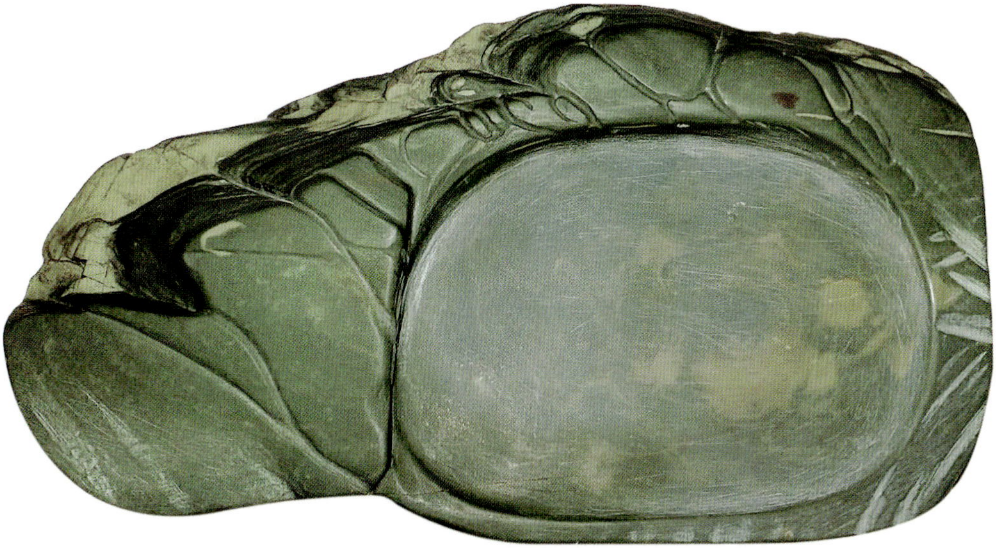

随形原石松花砚（长 24cm，宽 14cm）

天宫图贺兰砚

贺兰砚

贺兰砚的石料贺兰石产于宁夏贺兰山，是一种不易得到的石料。贺兰石质地细腻，刚柔并济，结构均匀。构成贺兰石的矿物非常微细，相互聚结又特别紧密。就在这细腻基底上，均匀散布着许多比较坚硬的石英粉和铁矿物微粒，恰似在贺兰石中嵌入了“硬质合金”。

龙纹贺兰砚

贺兰砚具有发墨、存墨、护毫、耐用的优点。带盖的贺兰砚如同密封器一般，有“存墨过三天”的赞誉，很受书法家、画家的喜爱。

砚的鉴别

从古至今，藏石一直深受文人墨客的喜爱。古玩市场中有各种“宝石”，如石雕、奇石等，而砚也是人们珍藏的一种“宝石”，更是文房四宝爱好者的宠儿。名砚质地精美，耐人寻味，有很高的收藏价值。所以，也不乏作伪者。

砚台种类繁多、产地分散，各个地方的砚台有不同的特点。判断砚台的好坏和真伪，要先看其产地、石质、纹理、风格。然后还要看其雕刻手法、镌款方式是否与年代特点相符。

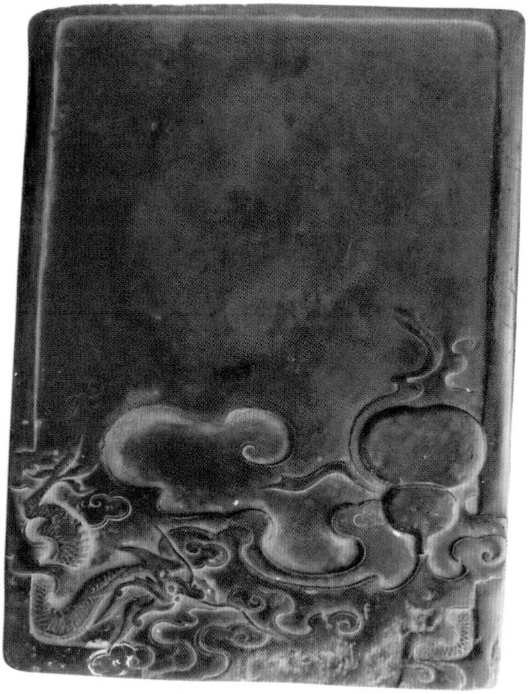

清龙纹端砚（长 18cm，宽 15cm）

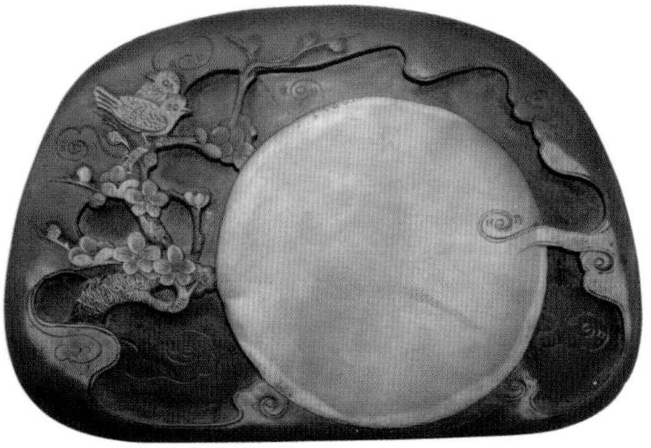

明沈周款紫袍双玉带贺兰砚

长 21cm，宽 15cm，厚约 3cm，重 2200g。正面刻有梅花喜鹊图，意为喜上眉梢。多处镂空雕。背面题：“红梅放香迎春归。”款识为“沈周”“沈周之印”。

清歙砚（长 16cm，宽 105cm，厚 2.4cm）

明澄泥砚（高 4cm，直径 20cm）

首先，好的砚台，石质润泽有光，用手摸上去感觉像是摸小孩的脸蛋一样细嫩，哈一下气就能湿润、磨墨。比如端砚、歙砚的石料都是长期浸润在溪水之中，润泽光滑，有利于下墨，很发墨。其次，好的砚台，石本身的纹理细腻、结构均匀。这样的砚台有利于保护笔，而砚台的表面凹凸不平，那一定会损坏笔尖。再者，好的砚台，石质坚硬有度，敲上去像木头发出的声音则为佳品。

清顺治御制龙凤澄泥砚

长 26.5cm，宽 20cm，加盖厚 5cm。造型精美，质如玉。边少许破损处可见白瓷。色如黄鳝背，是造型精美程度少见的御制澄泥砚。

而要收藏货真价实的好砚，首先要掌握辨别真伪的方法。辨别真伪要先从砚的价值入手。砚的价值由以下三个方面决定：

一、砚材。砚台的材质以天然生成的最为珍贵。大自然赋予的美好品相是决定砚台价值的根本。

二、砚台的雕工。制砚名人、高手所雕刻的砚台精致、传神。他们还善于将有瑕疵的石头巧妙地“化腐朽为神奇”。这样的砚台自然价值不菲。

清早期带盖吉祥如意澄泥砚（长 22cm，宽 15cm）

民国红丝砚（长 15cm，宽 12cm）

三、砚台的刻铭。一方砚台往往陪伴着一位文人，其上多有诗、书、画、印等刻铭。这些刻铭反映了文人所处年代的风情和文人自身的情趣爱好。所以越是有名的文人用过的砚台，价格也就越高。而年代越久远的砚台，价值也越大。

民国大端砚（长 46cm，宽 46cm）

在世界上，中国素有“烟壶之乡”的称誉。鼻烟壶以其精巧卓绝的制作技术，被称为“集多种工艺之大成的袖珍艺术品”。

第六章 珍玩掌中的鼻烟壶

鼻烟壶的源流

鼻烟壶是专门用来盛放鼻烟的，大小像烟盒。鼻烟壶是一种传统工艺品，始于明代。清代，随着吸鼻烟的人数增加，康熙时期便有了专门制作鼻烟壶的作坊，但所产数量有限，流传到现在的不多。

清雍正时期，鼻烟壶的产量增加了很多，其颜色更有光泽，式样更加丰富。当时的鼻烟壶除了用于吸鼻烟，更大意义上是为了讨好皇帝。不仅中国人致力于制作精美的鼻烟壶，就连西洋人也送很多美观的鼻烟壶给中国皇帝。例如雍正三年(1725年)，罗马教皇除了鼻烟外，还送给雍正皇帝各色料烟壶、宝石烟壶、玛瑙烟壶等。

鼻烟壶在清乾隆时期达到鼎盛。玩赏收藏鼻烟壶成风。种类繁多，制作工艺更是日益高超。鼻烟壶已经不再是单纯的用具，而变成了一种皇家贵胄把玩的艺术品。其用料讲究且名贵，技术精湛，样式新颖，做工精巧，个个都可以说是珍玩。

天然水晶杜牧《山行》诗意图鼻烟壶

金胎镶宝石鼻烟壶

天然水晶北极熊鼻烟壶

中国传统艺术的全部技艺——绘画、书法、瓷器、施釉、碾玉、刻牙、雕竹、剔漆、套料、包金银、螺钿、贴黄等都用在了鼻烟壶上。虽然乾隆以后的皇帝也都竭尽全力制作，可精巧程度远远比不上雍正、乾隆时期，只是数量上略多。

黄料精绘彩蝶宝石盖鼻烟壶

清乾隆玻璃胎画珐琅鼻烟壶

鼻烟壶的种类

鼻烟壶根据质料可以分为很多种。鼻烟壶的材料，可谓繁多。

料器鼻烟壶

料器鼻烟壶是鼻烟壶中出现得最早也最普遍的一种。料器质地坚固，不容易受潮，也不容易跑味，而且料器是透明的，所以很容易辨别壶内鼻烟的数量和质量。料器鼻烟壶成本低，制作过程简单。由于具有上述优点，料器鼻烟壶比其他鼻烟壶更受欢迎，数量上也更多。

宝石红料鼻烟壶

料器上可进行各种雕饰。同样材质的料烟壶因雕饰的工艺不同，价值也会不同。雕饰精美的料烟壶，其价值堪比金玉。清康熙时期的鼻烟壶精美绝妙，艳丽如奇珍。这一时期还发明了套料。所谓套料，就是在先制成的料器上用各种工艺加上色彩。

料器鼻烟壶

玻璃胎画珐琅花卉纹鼻烟壶

清雍正、乾隆时期继承了康熙时期的套料技术，并进行了改进。其雕镂刻画入微，矩凿所至细如毫发，扪之有棱。其纹有龙凤、盘螭、鱼雁、花草、山川、彝鼎等千百种名目，精妙无比。这一时期出现了一大批能工巧匠。

套料的工艺极其烦琐。先制成的质料叫地。地其实就是玻璃，因颜色的不同而分为玻璃地、砗磲地、珍珠地等。没有改变形态的原本的玻璃叫玻璃地；在外边上了一层珐琅釉的叫砗磲地；颜色和珍珠相似的叫珍珠地，它出现于康熙时期。

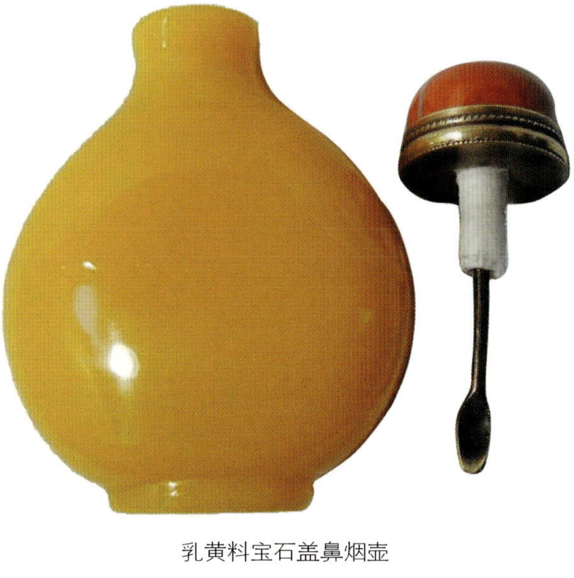

乳黄料宝石盖鼻烟壶

清白套宝石红料鼻烟壶

清套料鼻烟壶

所套之色有红、蓝、绿、白、黑等颜色。除此以外，还有兼套色的，即套二彩、套三彩、套四彩、套五彩等；还有重叠套色的。

套料的关键在于雕镂，只有经过雕镂才能彰显出所套的颜色。

鼻烟壶要属古月轩制作的最为精美。据考证，古月轩的烟壶有铜胎、瓷胎、料胎三种。其料烟壶是人们争抢的宝贝。它是用不透明的玻璃作为地，然后在表面施上珐琅釉。珐琅釉加上料器的光亮，使料烟壶看上去精美绝伦。其中最为精妙的是有“乾隆年制”款的料烟壶。

民国宝石蓝料鼻烟壶

清古月轩款鼻烟壶
（高 10cm，宽 7.5cm，厚 4.5cm）

瓷鼻烟壶

瓷鼻烟壶

目前我们所看见的瓷烟壶好像出现在料烟壶之前，这是因为在真正的鼻烟壶出现以前，没有专门制作鼻烟壶，而用来盛放鼻烟的多是明嘉靖、万历年间的瓷药瓶。

真正的瓷鼻烟壶是清康熙时期才开始烧制的。当时制瓷业非常发达，只要是能用瓷来代替的用具都用瓷来烧制。但是当时所烧制的瓷烟壶并不精美，样式有圆筒形等，都较普通。我们现在看到的精美的瓷烟壶大都是康熙以后制作的。

画珐琅鼻烟壶

雍正喜欢闻鼻烟，这在客观意义上促进了鼻烟壶的兴盛。此时期的鼻烟壶，形态多浑圆而长，所绘图案上的生活、戏曲中的人物都非常传神。当时全京城的人都以有精美的鼻烟壶而自豪，追求成风。

到了乾隆年间，经济发达，人们安居乐业，对文化艺术的要求也越来越高，所以瓷器制作技艺的精进乃是必然之事。除了仿制古代的瓷器，还极力创造新颖的器物。因此，乾隆时期瓷烟壶的制作最为精妙，并且在数量上也是空前绝后。乾隆时期的瓷烟壶不仅颜色丰富多彩，绚丽夺目，样式上也是无奇不有。乾隆以后的各朝在瓷烟壶的制作上都没有明显的进步和改进，仅仅是道光年间的瓷烟壶还有一些特点。道光年间的瓷烟壶以“蝈蝈”最为著名，以有

珐琅彩古月轩款鼻烟壶

清乾隆珐琅彩鼻烟壶

清雍正青花釉里红水浒人物图鼻烟壶

篾丝笼及葫芦、花草图案的为佳。

总的来说，各朝瓷烟壶的风格有较大差异。康熙年间的画笔老辣、古朴、素雅，形态端庄华贵；雍正年间的瓷烟壶俏丽惊世；乾隆年间的做工精致，但缺少奇妙和趣味。嘉庆、道光以后的鼻烟壶，制作循规蹈矩，出神入化的绝艺几乎消失了。

玉鼻烟壶

中国的玉壶有很悠久的历史，有用作酒器的，有用作宫漏的。鲍照、王昌龄等还取玉壶高洁之意作诗。从清代开始，玉壶就有了一种新的用途，那就是盛放鼻烟。从清康熙时期开始就专门用玉制作鼻烟壶了。

白玉包金镂花镶翡翠宝石鼻烟壶

玉鼻烟壶的价值高低取决于其质料和做工，和其年代关系不大。而玉鼻烟壶多是为皇家而制，玉本身的质量一般都较好，因此玉鼻烟壶的价值更取决于其做工。

清乾隆时期，玉鼻烟壶的制作达到了高峰。这一时期的玉鼻烟壶设计精巧，做工细致，纹样新颖。常利用玉本身的颜色和花纹来勾勒花鸟鱼虫、山水、人物、云烟等图案，极为美观。当时的玉器可以和周、汉、宋三代的玉器相媲美。至今鼻烟壶收藏家仍以乾隆时期的玉鼻烟壶为首选，由此可见其精美和绝妙。

清和田玉鼻烟壶

清和田玉鼻烟壶

翡翠鼻烟壶

翡翠鼻烟壶

翡翠鼻烟壶的价值高低所取决的因素与玉鼻烟壶不一样。玉鼻烟壶主要是看其做工，而翡翠鼻烟壶则主要是看其质地，与其做工关系不大。

翡翠本指兼有红、绿两色的硬玉，但即便是白地而没有红或绿的，通常也被叫作翡翠。在以前，白色的翡翠也会用来制作器物，如果有一两处红、绿那就更好了，而纯绿色的翡翠是很少见的，一百件里也没有一件。近些年来，社会的风俗习惯改变了，白地的翡翠已经很少用来做装饰。

现在一般也不用白地的翡翠来制作翡翠鼻烟壶，即便是红绿翡翠上有一些白地，也会把白地剔除。现在我们看到的红绿翡翠有很多都是用过去的旧物改造的。虽然过去流传下来的翡翠器物比较多，但是经过如此折腾，老物件剩下的也不过十之一二罢了。

翡翠鼻烟壶主要以质地来判定其价值，所以清楚翡翠的优劣，就可以鉴定翡翠鼻烟壶的价值。在翡翠中祖母绿最为珍贵，其质地晶莹纯净，颜色深绿透光；其次为黄杨绿，它呈半透明状，绿中带有一些黄，又称为玻璃翠；再次为菠菜绿，从名字上就可知道其颜色如菠菜一样翠绿。

腰横玉带冰种翡翠鼻烟壶

清翡翠鼻烟壶

高 5.6cm，宽 3.4cm，重 48g。此烟壶满工，两侧雕刻铺首耳，壶身前后雕有凤凰和山石梅花。碧玺盖连象牙勺，品相完好。

清翡翠白菜鼻烟壶（长 7.2cm，径 3cm）

清御用翡翠饕餮纹鼻烟壶

铜胎鎏金镶宝石鼻烟壶

宝石鼻烟壶

宝石自古以来就是人们所喜爱的一种珍贵装饰品。宝石有艳美、珍贵、稀有、光亮、璀璨等特点，而宝石鼻烟壶价值高、体积小、携带方便，所以它一直是人们收藏的“宠儿”。在古代的宝石鼻烟壶中，各类珍宝应有尽有，如水晶鼻烟壶、玛瑙鼻烟壶、红宝石鼻烟壶、蓝宝石鼻烟壶、珊瑚鼻烟壶等，各放异彩。

天然水晶北京胡同鼻烟壶

水晶鼻烟壶

在中国，水晶的产量相对较高。水晶是石英的晶体，透明，硬度较高。它呈六方柱状，在太阳的照耀下能折射出七色光，自古以来就很受人们的喜爱。因所含的杂质不同而颜色不一，比如：有的呈茶褐色，叫茶晶；呈黑色的则为黑晶；含锰的则会呈紫色，称紫水晶。此外，有的水晶呈现出草纹，称发晶，而草纹粗得像猪鬃一样的就称鬃晶；水晶内部有水泡的称水泡水晶，水泡水晶是最难得的。

天然水晶岳飞图鼻烟壶

天然水晶翠鸟鼻烟壶

自从鼻烟壶兴起后，人们就开始用水晶来制作鼻烟壶。虽然水晶的种类很多，但用作鼻烟壶材料的主要是白水晶、发晶、鬃晶，其他种类的水晶相对来说很少。发晶鼻烟壶较为珍贵，而鬃晶鼻烟壶的价值相对较低。从总体上来看，水晶鼻烟壶的价值并不是很高。

水晶鼻烟壶中有一种观赏性很强的鼻烟壶——内画壶。号称清代京派内画四大画师之一的马少宣所做的内画壶，书画并茂，笔法精湛，一直受收藏家追捧，在国外曾创下七十多万美元的单件鼻烟壶成交价纪录。

天然水晶骏马图鼻烟壶

天然水晶魏武观海图鼻烟壶

天然水晶明月千里寄相思图鼻烟壶

玛瑙鼻烟壶

鼻烟壶中除了料烟壶、瓷烟壶以外，最常见的就是玛瑙烟壶。这是因为玛瑙颜色漂亮，非常适合赏玩；玛瑙的颜色和图案天然而成，有些玛瑙根本不需要人工描绘就有着美妙的天然图画。玛瑙鼻烟壶的珍贵也在于此。

玛瑙又称为玉髓，有白、红、蓝、绿、紫等色，还有杂色的。杂色玛瑙的底色上有很明显的色斑或色丝，比纯色玛瑙更好看。缠丝玛瑙肌理内的丝束组成指纹样或漩涡样等诸种线纹图案。有的缠丝玛瑙鼻烟壶有一道或几道粗细不同的白色缠丝，像玉腰带一样，称之为“腰横玉带”。

兔毛水晶渔父图鼻烟壶

天然玛瑙达摩图鼻烟壶

俏色玛瑙和留皮玛瑙跟玉较相似。

有着天然图画的玛瑙鼻烟壶，有的以象形性黑色斑点，赋予图画点睛之笔，使其富有画意。这类黑斑多是由松花、松针等形状的小黑点组成。这种玛瑙鼻烟壶较为珍贵。

天然玛瑙女娲补天图鼻烟壶

珊瑚鼻烟壶

珊瑚鼻烟壶的价值主要取决于原料和做工以及颜色的纯正，和年代关系不大。

珊瑚是海洋动物珊瑚虫的石灰质骨骼聚集而成的，形状有树枝、盘、块状等。大的珊瑚高三尺多，根径二三寸。

珊瑚的颜色主要是红、白、黑。古时红色珊瑚多用来做官员的帽顶和朝珠，白色和黑色珊瑚多用来制作扇坠或印章。一般较少用珊瑚来做鼻烟壶。珊瑚鼻烟壶多是用小块的珊瑚拼接在一起制成的，这是因为大的珊瑚很难得到。用整块的珊瑚制成的鼻烟壶，其价值堪比金玉鼻烟壶。古人在制作珊瑚鼻烟壶时常常会采用镶嵌花鸟鱼虫等小雕件来掩饰拼接黏合的痕迹。

民国红珊瑚鼻烟壶（高 9.4cm）

清晚期红珊瑚鼻烟壶

清红珊瑚人物图鼻烟壶
（高 10cm）

清深水红珊瑚拼合鼻烟壶
（重 125g）

珊瑚鼻烟壶以乾隆时所制作的为最佳。珊瑚鼻烟壶以红色居多，白色、黑色的不容易见到，这是因为白、黑两色的缝线明显，黏合的痕迹不易掩盖。

其他鼻烟壶

与其他工艺品相比，鼻烟壶的制作材料可以说是最丰富的。这首先是因为鼻烟壶的体积小，材料不管是大还是小都能用上。再者，鼻烟是粉状的，用很多材料制作都能盛放，不会漏掉。另外，鼻烟壶没有固定的样式，一直追求的是千变万化；鼻烟壶的价值不是单凭原料决定的，所以很多材料哪怕是废料、余料都可以用来制

清犀角包金鼻烟壶

铜胎鎏金西番莲纹鼻烟壶

清剔红人物图鼻烟壶

木质鼻烟壶

双面雕有蝙蝠、中国结。蝙蝠栩栩如生，雕工精美。

作鼻烟壶。鼻烟壶除了广泛使用的料烟壶、瓷烟壶、玉烟壶、宝石烟壶以外，还有漆质烟壶、木质烟壶、石质烟壶等。

木化石鼻烟壶

木化石是一种化石，其质地细密，有的被用来制作鼻烟壶。但很难找到又好看又适合做鼻烟壶的木化石。

木化石鼻烟壶（高 5.1cm）

清剔红鼻烟壶（高 8cm）

漆质鼻烟壶

漆质鼻烟壶种类很多，除平漆以外，还有螺钿、雕漆、戗金等。漆质鼻烟壶的价值取决于做工。

木豆鼻烟壶

木豆是天生的一种“木结核”，人们就其天然形状制作烟壶。有的木豆鼻烟壶制作精巧，但由于质地因素，不能算作名贵之物。

清中期石质鼻烟壶

竹根鼻烟壶

石质烟壶

可以制作鼻烟壶的石头很多，只是制成的烟壶都不大名贵。据清末赵之谦的记述，当时的石质烟壶有岫岩石、金州石、云锦石、绿松石、端溪石和玛纳斯石。

竹鼻烟壶

竹鼻烟壶有竹根鼻烟壶和贴黄鼻烟壶两种。竹根鼻烟壶是用竹根雕刻而成。竹根鼻烟壶易裂，很难长久使用。即使有在壶上镌刻人物的，也多是平庸之作。贴黄，又称为“竹黄”，是将竹筒去青、煮、晒、压平后，翻过来贴到木胎上，再刻上花纹。这种工艺在清乾隆时期最为兴盛。

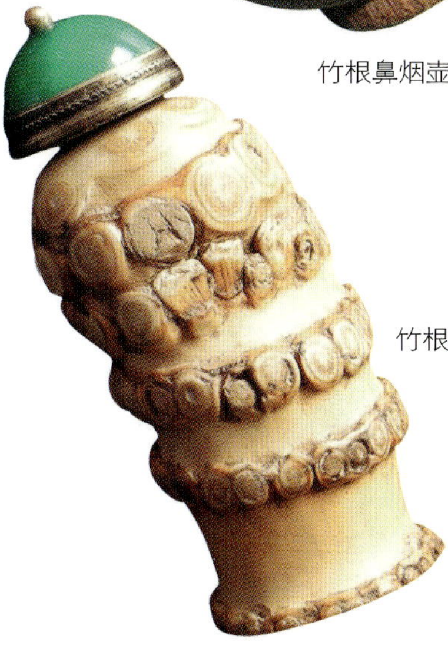

竹根随形鼻烟壶

琥珀鼻烟壶

清中期琥珀鼻烟壶（高 6.5cm）

清琥珀鼻烟壶（高 7cm，腹宽 6cm）

琥珀鼻烟壶

琥珀是松、柏科植物的脂汁埋入地中所形成的化石。琥珀的出产地很多，以波罗的海沿岸及南洋各岛最多。琥珀从海外传入中国，以前也叫蜜蜡，多用来制作各种饰物。烟壶流行后，也用它制成烟壶。

当时琥珀虽然很多，但是用琥珀制作的鼻烟壶很少，所以琥珀鼻烟壶很受人们的青睐。最初人们喜爱红色琥珀，后来又喜欢浅黄色。浅黄色的琥珀像金箔，这可能是它名贵的原因之一。后来西洋人用松香制烟壶，其颜色极为美丽，质料与琥珀很难区分。这使琥珀烟壶渐渐被人冷落。

清象牙人物图鼻烟壶（高 7.85cm）

象牙鼻烟壶

象牙鼻烟壶的种类和数量都比较多。象牙质地温润、柔和、易雕刻，非常适合做鼻烟壶。其雕刻风格有南北之分，北方以北京为主，南方以广州为主。京雕工艺古朴、崇尚古风。穗雕工艺以镂雕为主，喜欢推陈出新，生动有趣。江浙一带的象牙鼻烟壶也是别具一格，所雕刻的山水、书法清丽传神。

象牙刻杜甫“几回闻”句鼻烟壶

象牙鼻烟壶

葫芦骏马图鼻烟壶

葫芦鼻烟壶

葫芦鼻烟壶是用葫芦所做的。葫芦是植物的果实，一般比鼻烟壶大，但是有的小葫芦长得非常漂亮，形状也有些像鼻烟壶，于是被用来制作鼻烟壶。葫芦鼻烟壶保存比较困难，易腐烂。

核桃鼻烟壶

紫砂鼻烟壶

银雕人物图鼻烟壶

所雕神仙人物，面容悠然，栩栩如生。配以花纹，更加突出了神仙悠然自得的妙趣。

鼻烟壶的鉴别

在鉴别古玩时要特别注意两点：一是真伪；二是优劣。先鉴定真伪，再看其做工优劣，是一般的鉴定过程。而鼻烟壶是个例外，它的鉴定主要是鉴定其质料和做工。这是因为鼻烟壶的名贵不在乎其年代和制作人，而在于它的质料和做工的优劣。不管是哪个年代、什么人所做，只要质料珍贵、做工奇巧，都可以称为上品。即使是清康熙、雍正御用品，做工不好、质料不好，亦非上品。

清康熙青花鼻烟壶（高 4.3cm）

清康熙乌金釉开光矾红鼻烟壶（高 8.5cm）

天然水晶太行人家图鼻烟壶

清铜胎掐丝珐琅鼻烟壶
高 8.5cm。底款为“乾隆年制”楷书款。壶体俗称美人肩，扁身，有底足。通体绘八宝、缠枝、云纹。宝蓝地。为典型的乾隆器。

鼻烟壶做工的美观与否、粗细、手法优劣以及造型是否奇巧，从外表上就能看出来，鉴别起来并不是件困难的事情。而鉴别鼻烟壶的难处就在于其质料的辨别。

鼻烟壶的质料多种多样，有料质、瓷质、玉质、翡翠，还有各种宝石等。一般考古学家和古玩商也只是对其中的一种或几种有较为准确的认识和判断，而对其他的就不那么精通了。能够准确鉴别料烟壶的人不一定能够准确辨别瓷烟壶。鉴别烟壶最难的事情就是对于各种质料的研究和辨别。

清御制古月轩透明料胎画珐琅梅竹双清图鼻烟壶（高 6.3cm）

清乾隆玻璃胎珐琅彩仕女图鼻烟壶
通高 7cm，腹宽 2.6cm。扁方瓶式，椭圆形圈足。豆绿色玻璃盖连象牙勺。颈部饰蕉叶纹，肩部饰黄色蔓草纹。器身四面做拱形开光，正背两面绘仕女挎篮图，侧面饰胭脂色欧式建筑风景图。器底蓝色珐琅楷书“乾隆年制”款。色彩淡雅，于方寸之间准确描绘出仕女的悠闲神情和西洋建筑的风貌。

料鼻烟壶

玻璃本来不值钱，因此料鼻烟壶的名贵不在于质料，而在于做工。其中做工最精美的是古月轩料器，其次是西洋人制作的五色玻璃鼻烟壶。中国人所发明的套料鼻烟壶也非常精美，如辛家皮、袁家皮，都各有特色，可与金玉齐价。

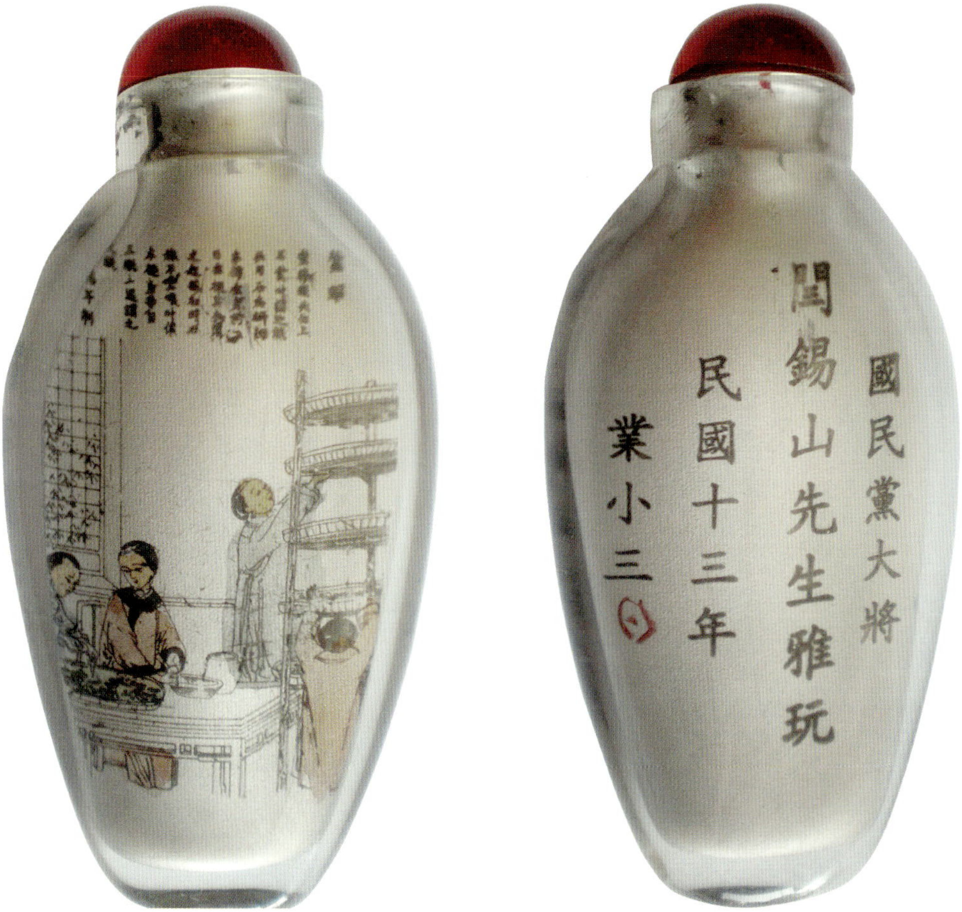

民国玻璃内笔画鼻烟壶

古月轩料烟壶，在清宫器物档案中写为“玻璃胎画珐琅”等。因其质料和色彩都和一般的料烟壶不同，后人就以其款识“古月轩”称呼之。

古月轩料烟壶生产最多的时期是清乾隆时期。清康熙、雍正时期也有，但数量远远比不上乾隆时期。清嘉庆以后的就更少，现在几乎看不到。其鉴别要点是，古月轩料烟壶一定是珐琅釉及珐琅彩，款识一定是堆料款。

五色玻璃鼻烟壶的鉴别，着重看颜色的鲜艳程度和做工的精妙与否。套料烟壶的鉴别和五色玻璃鼻烟壶一样。

总之，料烟壶的几乎所有优点都是人工打造的，所以鉴别时要从人工下手。

清乾隆洒金星玻璃葫芦形鼻烟壶

通高 5.3cm，最大腹径 4.2cm。由蓝、深红、赭石、淡绿、淡黄、褐等色，搅制成不规则的自然纹理，点缀片状金星，灿灿发光，华丽文雅。铜镀金錾花盖连象牙勺。

瓷鼻烟壶

瓷鼻烟壶是烟壶中较常见的，也是数量较多的品种之一。明代的瓷烟壶一般都是药瓶，多为圆筒状，底部较大。多为青花彩，也有青花中夹杂紫色、斗彩的。其中最为珍贵的多是皇宫中所使用的药瓶，其制作很精美。

清康熙时期的瓷鼻烟壶多是仿明代的药瓶，所以我们在市场上看到的一些有明代款的烟壶不一定是明代的，而可能是康熙时期仿制的。

清乾隆粉彩无量寿佛鼻烟壶

康熙以后各朝都制作瓷烟壶，并在技法和样式上有所改变。雍乾两朝是瓷烟壶制作水平最高的时期。不仅古月轩料鼻烟壶是杰作，古月轩瓷鼻烟壶也深受人们的追捧。前文已述，古月轩这个名字在清宫档案中是没有的。古月轩瓷鼻烟壶和古月轩料鼻烟壶一样，名字也是后人所起的。

瓷鼻烟壶属于瓷器，所以按照鉴别瓷器的方法就能准确地鉴别瓷质鼻烟壶。

清嘉庆道光时期青花釉里红火烧赤壁图鼻烟壶

清康熙青花狮子滚绣球纹胆式鼻烟壶

釉色翠蓝。颈部双圈。腹部绘一只狮子滚绣球，狮子开脸刻画威武，神采奕奕。底部有花叶款。

粉彩描金人物图鼻烟壶（高 10cm）

玉鼻烟壶

对于玉鼻烟壶来说，只有好的质料和精湛的做工技术相结合才能算是上品。起初人们制作玉鼻烟壶，并不注重做工，所以清康熙、雍正时期的玉鼻烟壶大多没有花纹，一般是素器。到了乾隆时期，玉器制作水平达到了高峰。当时的玉器不但仿古，还别出心裁。乾隆时期的玉鼻烟壶之所以名贵，不是因其年代，而是因其技艺。这一时期的玉鼻烟壶不仅在选料上精挑细选，在做工上也很考究、细致。现在流传下来的有纹样的清代玉鼻烟壶大多是乾隆时期制作的，样式奇巧、纹样精美，现在较难仿制。

清乾隆玉兽面双耳鼻烟壶

高 5.1cm。瓶形，直口，椭圆形圈足。玉质油润。正反两面光素无纹。两侧精雕铺首耳，兽面有人格化倾向，雕琢工艺精湛，造型生动逼真。有令人观之舒畅的整体感，该简该繁，都恰到好处。

清乾隆白玉洒金皮素面鼻烟壶

高 8.2cm。扁圆形，壶口俊硕，壶形圆润雅致，修足规整饱满。玉质莹润，皮色自然，色泽明丽，气质高雅，颇似故宫博物院所藏白玉带皮红霞晴雪鼻烟壶之意境。曾在纽约、伦敦及中国鼻烟壶博物馆等处展览。

红珊瑚云鹤纹鼻烟壶

扁方形，短颈，椭圆形圈足。腹部两面共雕四只仙鹤，姿势不一，形态各异。或单足点地，收翅伫立，或遨翔天际，展翅于飞。肩衬祥云，下琢山石。整器碾琢规整，纹饰较为精细。碧玺包铜盖。

珊瑚鼻烟壶

前文讲过，用整块的珊瑚制作的鼻烟壶是很难得的。大珊瑚十分珍贵，但若是锯成小段，就降低了它的价值。这就像珍宝一样，越是大块价值越高。可以作为烟壶材料的大块珊瑚，却不可能切成数段来制作。珊瑚烟壶十有八九都是用碎珊瑚料粘

清珊瑚鼻烟壶

高 5cm。造型秀雅婉约，小巧精致。壶身有数条花枝盘绕其间，雕工细腻，古雅中见魅力。

成的。粘成之后，用刻画等各种方法加以掩饰，不知道的人很难看出来。珊瑚烟壶的颜色以红色为上等。

琥珀鼻烟壶

传统上，收藏界将瓷器和料器划入古玩行，珍珠和翡翠则被划入玉器行，而琥珀物件既不属于古玩行也不属于玉器行。对于琥珀鼻烟壶，没有专业的基础知识是很难鉴别的。

清蜜蜡鼻烟壶

清乾隆红琥珀包银鼻烟壶（高 14cm，宽 12.7cm）

蜜蜡鼻烟壶

一般情况下，用来仿制琥珀鼻烟壶的原料是松香。早在清代，西洋人就用松香来制作鼻烟壶。从严格意义上来说，琥珀本来就是由松脂等埋入地下形成的，但和松香有年代等差别。

民国蜜蜡二龙戏珠鼻烟壶

琥珀中最为珍贵的是俗称“金珀”的黄色透明的琥珀。琥珀中往往会有一些木皮或昆虫，常会因为不是全包在里面，或里面的昆虫难看而不尽如人意。现在市面上会看见很多“琥珀”中有栩栩如生的蜜蜂或蝴蝶。你可以想象一下，当一滴松脂落在昆虫的身上，它一定会挣扎，而挣扎就会伤及身体。所以，这些美丽的“琥珀”多半是人为的。

天然的琥珀晶莹剔透，多无瑕疵，比同样颜色的玻璃还要清澈。因受各种外力作用，它质地紧密，但是易雕刻。根据这些特征，人为还是天然就较易鉴别了。

总之，鉴别烟壶的质料和做工的要点是要靠专业知识和经验的积累。要多看才能有助于鉴别，只是依靠书上的知识是不能准确判断的。

琥珀鱼荷纹鼻烟壶（高 7.3cm）

第七章 多姿多彩的琐碎杂项

古玩中的杂项本来就琐碎，除前文所述的大项，还有很多琐碎的物件，如青铜器、灯烛、发箍、带钩、发簪、扳指等，应有尽有。它们或幽微古老，或小巧便携、易于把玩。

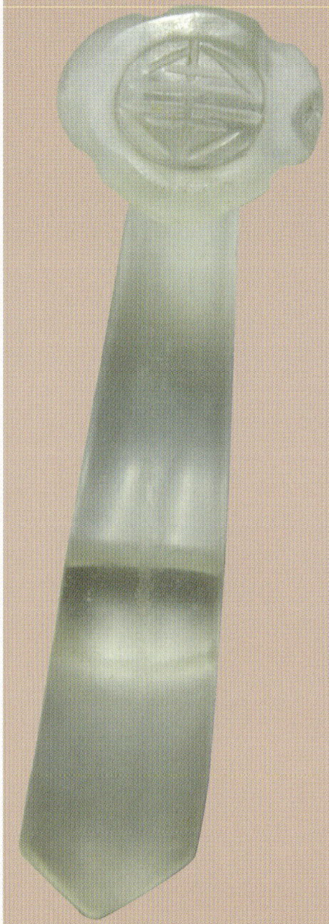

青铜器

青铜器简称铜器，是指以青铜为原料经过加工而制成的器皿等。在古代，人们把青铜称为金或吉金。它是红铜和锡等的合金，因为铜锈为青绿色，所以被称作青铜。史学上所说的“青铜时代”在中国历史中指的是夏商周至秦汉时期，持续了两千多年，这段时间也是青铜器从发展、成熟到鼎盛的时期。

清中期紫铜鎏金度母像

从古代青铜器的纹样来看，各个朝代对前朝范式都有很明显的继承和改变。商代青铜器的花纹多是平纹、二层纹、三层纹等。春秋时期的铜器虽然和西周时期相似，但出现了鱼鳞纹、蛇纹、爬兽纹、瓦棱纹等。战国初期的青铜器已出现旋工、铆接等工艺，有了錾刻花纹。汉代青铜

战国铜车件（长 13cm，宽 8cm）

器的花纹多为铸造的素纹，也有用錾子雕刻的花纹、铭文。比如汉代的鎏金杯、盒、碗等器物上的花纹，多是錾刻的。汉代以后至唐代的铜器，有了大、小焊的技术，铸造的花纹也更多种多样，还有打料的铜器。

汉四乳四虺纹铜镜

商末周初青铜簋

发展期的青铜器

商代早期和中期，是青铜器趋于成熟的发展时期。这一时期的青铜器奠定了青铜艺术鼎盛的基础，多在黄河、长江流域发现。当时关于盛酒器等礼器的制度初步形成，兵器的种类也有所增加。分铸的技术日益娴熟，其普遍的花纹为兽面纹，构图渐趋繁密，线条更浚深有力。

鼎盛期的青铜器

商代晚期至西周早期，是青铜艺术的辉煌时期。商代晚期，酒器礼制已经成熟。这一时期的纹样大多是动物纹和表现神怪的纹样，其技法是浮雕和平雕相结合，运用夸张、象征手法使纹样更加精美绝伦、神秘而富有生机。商代晚期的青铜器出现了铭文。周初礼器制度延续了商代的制度，并开始偏重食器。字数较多的铭文是西周青铜礼器的重要特点。

明鎏金铜佛像（高 10cm）

转变期的青铜器

春秋大鼎（高 104cm，直径 116cm）

青铜器在西周中期形成了重食器的体制，渐渐形成了编钟制度、列鼎制度和赐命作器之习，因此出现了很多新型器物。其纹样或为动物变形，或流转舒畅，或朴质简洁；器形端庄厚重。春秋早期的器形和纹样继承了西周中期的传统。各个诸侯国都有青铜铸造业，而各国经济发展的水平不同，所以有的技术娴熟，有的略显粗糙。

更新期的青铜器

战国青铜辖（高 10cm，底径 10cm）

青铜艺术的发展在春秋中期至战国时期再次出现了高潮。列国的铸造技术趋于成熟，更具有明显的区域化特征。东方齐鲁、南方吴楚、北方晋秦的青铜器都各具特色。这一时期的青铜器以实用器物为主，礼器渐渐消失。纹样上出现了人物画像，更多的以龙为主题的纹饰，开创了纹样

的新时期。在技法上出现了失蜡法和印模块范拼合法，镶嵌工艺高超。铭文更加注重字体的美观、隽秀。战国晚期，青铜艺术趋于朴素平实。秦汉则为青铜器发展史的余晖。

仿汉长信宫灯

灯　烛

商代以前没有灯，照明用的是烛。灯的出现是在商朝。到了唐代，灯的制作有了很大的进步，灯的种类多了起来。当时盛大的灯节可以证明唐代之灯的辉煌。其制作奇异、灵巧、华丽。

民国铜洋风灯（高 28cm，底径 9cm）

宋朝初年，天下初定，虽还没有像后来那样大肆举行灯会，但放灯的场面已很辉煌。各种奇巧的灯应有尽有，种类繁多。

明清两代的灯具品种更为丰富，其制作的技艺也达到了前所未有的水平。其形制华美、精致、繁多，而配备的器物也很齐全。比如用青铜制荷叶一片，叶上擎有花朵，这本为古代的金莲形式，当时把它改造成灯的形式。

明清两代有各种各样的瓷灯，最雅致的有定窑三台、宣窑二台等形制，还有玳瑁灯、珠灯、鱼魫灯、琥珀灯等。丝料灯，是用玻璃做成丝，把玻璃丝编成片，

清中期红木八仙彩画玻璃宫灯

仙鹤宫灯

宫　灯

再制成灯罩，以滇中出产的为最好，其次为丹阳出产的。羊皮灯，是用羊皮做成罩子，绘上各种图画，以赵虎所画的灯罩最为有名。在玻璃还没有兴起的时候，有牛角灯。它是用牛角制成半透明的灯罩，在当时较为实用。如今在清宫等清帝居处，还可见到遗留下来的牛角灯。当时最常见的是纱灯，上面绘有各种图画，颇为美丽。

很多古代的灯，到现在已经绝迹了，只留下了一个个名字。现在常见的古灯是宫灯。宫灯的形状为四棱柱或两个重叠的四棱柱，也有的是六棱柱、八棱柱。其质料为紫檀等。宫灯的做工一般较精巧，在每个角上多用五彩绒穗来装饰，再配上珍珠、宝石、玉器等，显得富丽堂皇。

木化石

本书第六章已述，木化石是一种化石。它亦称石化木，是已石化的植物茎干或枝轴。其物质成分多为二氧化硅、方解石、白云石、褐铁矿或黄铁矿等。主要成分为二氧化硅的木化石，被称为硅化木。木化石多保存了原来的细微构造。

古时人们并不理解这种演变，所以把木化石当作一种奇特的东西甚至宝贝。在清宫中有一些“石树”，即树化石。

清早期木化石随形笔筒

木化石麒麟摆件

棋　子

中国是围棋的故乡。最早的棋子的质料现在已经不能确定。常见的棋子为石质、玉质或料质。因为石质和玉质的颜色种类不多，所以收藏者一般对之不太注重。最贵重的棋子是料质的，尤其是古旧的料质棋子。

当年皖系军阀执政以后，下围棋的人越来越多。当时名贵的棋子几乎都被权贵收入囊中。

清康熙、乾隆时期制作的质量好的料质棋子，具有较高的收藏价值。

翡翠棋子

扳 指

扳指的质料大多为玉石、象牙、兽角、兽骨等，也有用玻璃甚至香料等制作的。

宋明两代重文轻武，扳指一般仅是射箭时戴的。到了清朝，满族权贵以全身戎装为时髦，本来是射箭时钩弦用的扳指成为一种装饰品和身份的象征。

和田玉扳指（内径 2.2cm，外径 3.5cm）

清翡翠扳指

民国牛角扳指

发　箍

清和田玉发箍（高 4cm，直径 3cm）

在古代，不管是男性还是女性都留长发，需要用发箍把头发束起来。很多不知道发箍的人会将其误认为扳指。发箍的质料多为玉石，也有金或银的。现在保存下来的最早的发箍是汉代的。发箍比扳指小而且细，一般大拇指是伸不进去的。这也是发箍和扳指的区别方法。

发　箍

大珊瑚

珊瑚在古代大多用来制作簪子、朝珠、帽顶、鼻烟壶等小件。这是因为体形大的珊瑚极为难得。一般的珊瑚不超过一尺高。汉宫积草池曾有一个高一丈二尺的大珊瑚，其主干上有3个大枝杈，上面还有462个小枝杈。它可能是有记载的最大的单株珊瑚。

珊瑚甲套

民国珊瑚雕仙女散花摆件

无双谱

收藏中的所谓无双谱，一般是指有《无双谱》人物图的瓷器。此书为清金古良撰绘，选从汉到宋有名人物四十人，为之画像，并附有诗文。这四十人为：张良、项羽、伏生、东方朔、张骞、苏武、司马迁、董贤、严光、曹娥、班超、班昭、赵娥、孙策、诸葛亮、焦孝然、刘谌、羊祜、周处、绿珠、陶潜、王猛、谢安、苏蕙、木兰、谯国夫人、武则天、狄仁杰、安金藏、郭子仪、李白、李泌、张承业、冯道、陈抟、钱镠、安民、陈东、岳飞、文天祥。

清道光无双谱太白醉酒盘
（长 21.5cm，宽 16cm）

清道光粉彩无双谱茶壶
（高 17cm）

带　钩

汉错金银青铜带钩
（长 11.2cm）

古人穿衣服要束腰带，而腰带的连接处都用钩，此即带钩。带钩有很长的历史，春秋战国时期由北方游牧民族传入中原，一直使用到清代。带钩的质料多为青铜，也有铁、玉制的。

因使用者的喜好不同，带钩的形制有很大的区别，种类繁多。有螳螂形的，有双螭形的，

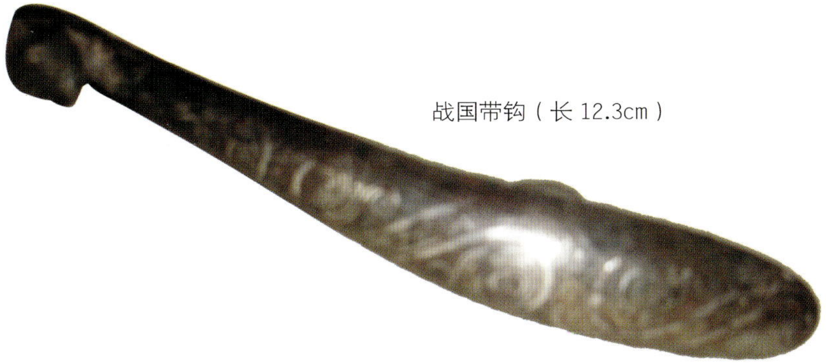

战国带钩（长 12.3cm）

清水晶带钩

有素面而肥大的，有头部细小而腹部肥大的……皆别具一格，精美绝伦。

玉带钩多为皇亲国戚等上层人物所用，普通人家多用铜带钩等。铜带钩也有优劣之分。好的铜带钩鎏金银、错金银或镶嵌各种珠宝等，尤为珍贵的是刻有文字的带钩。

清早期和田白玉苍龙教子带钩

核 桃

核桃，即胡桃，又名羌桃、万岁子或长寿果。据《名医别录》记载："此果出自羌胡。汉时张骞出使西域，始得种还，移植秦中，渐及东土……"张骞将它引入中原地区时，其名为"胡核"。公元 319 年，石勒建立后赵。因其忌讳"胡"字，故将"胡桃"改名为"核桃"。

其实，张骞出使西域带回核桃之说，《史记》和《汉书》中均无记载。考古发现，在西安半坡遗址，有核桃花粉沉积，距今已有 6000 多年；在河北武安磁山遗址曾出土碳化核桃，距今已有 7300 多年；在山东临朐山旺村发现的核桃化石，距今已有 2500 万年。由此可见，中国是核桃原产地之一是毋庸置疑的。

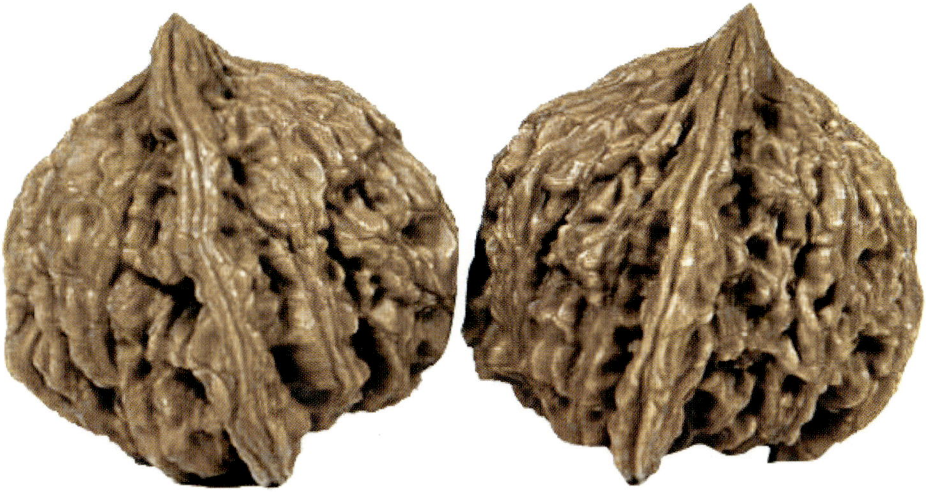

老形公子帽

核桃属胡桃科，落叶乔木，单数羽状复叶，树高可达 30 米。花期为 4—5 月，单性，雌雄同株。果期为 10 月，果实近球状，直径 3—5 厘米。外果皮为肉质，灰绿色，上有棕色斑点。内果皮坚硬，有皱褶，黄褐色。果实采集于白露前后。将果实外皮沤烂，内果漂洗晾晒，清理干净，就是平常所说的“核桃”。

盘龙虎

鸡　心

核桃树适宜在较湿的肥沃土壤里生长，有野生的山核桃，更有人工培育的优良品种。据《中国果树志·核桃卷》，核桃分为核桃种群和铁核桃种群两类，两个种群中无性系品种和优良品种共有 216 种。核桃种群和铁核桃种群都培育出了优良品种，如辽宁 1 号、鲁光、香玲、晋龙 1 号、细香等。

核桃中有大约一百多种大小悬殊，皮厚，个大，皱褶多，造型奇特，纹路优美的核桃。它们既可做“手疗核桃”，又可做雕刻核桃，既能供人们观赏，又可作为收藏品。

密　纹

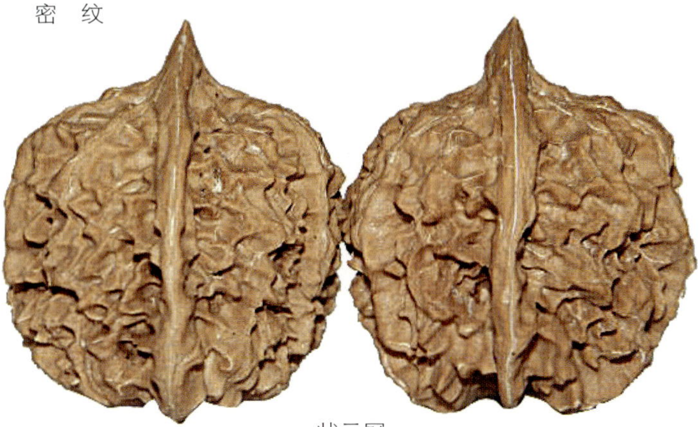

状元冠

手疗核桃，也叫“健身核桃”“掌珠”“揉手核桃”。它起源于汉隋，流行于唐宋，盛行于明清。在两千多年的历史长河中盛传不衰，形成了世界上独有的核桃文化。

明清两朝，玩核桃进入鼎盛时期。明天启皇帝朱由校不仅核桃不离手，而且亲自操刀雕刻核桃，故有“玩核桃遗忘国事，朱由校御案操刀”的野史流传于民间。清乾隆皇帝不仅是鉴赏核桃的大家，据传还曾赋诗赞美核桃：

掌上旋日月，时光欲倒流。

周身气血涌，何年是白头？

清末民国初北京有民谣曰：

核桃不离手，能活八十九。

超过乾隆爷，阎王叫不走。（乾隆活到八十九，是历史上寿命最长的皇帝。）

到了清末，玩赏核桃之风更甚，手中有一对好的核桃竟成了身份及品位的象征。当时京城民间有言："贝勒手上有三宝，扳指、核桃、笼中鸟。"每逢皇帝或皇后的生日，大臣们会将挑选出的精品核桃作为寿礼，揉手核桃的玩赏之风由此可见一斑。

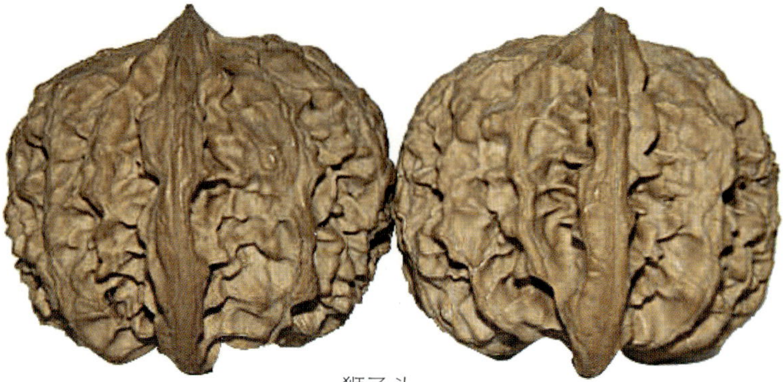

狮子头

北京故宫博物院保存着十几对揉手核桃，为棕红色，分别存放在雕镌精致的紫檀盒内，里面标有"预备""恭进"等字样。

爱新觉罗·溥仪曾在《我的前半生》中谈及核桃。他曾在养心殿后面的库房里发现了很多有趣的百宝匣，据说它们是乾隆的玩物。百宝匣用紫檀制成，其中一个格子里装有一个雕着古代故事的核桃。可见雕刻核桃也是宫中的玩物。

宫内揉核桃之风，自然也影响到了民间。民间曾有这样的说法："文人玩核桃，武人转铁球。富人揣葫芦，闲人去遛狗。"时至今日，天津人仍把揉手核桃称为"文玩核桃"。

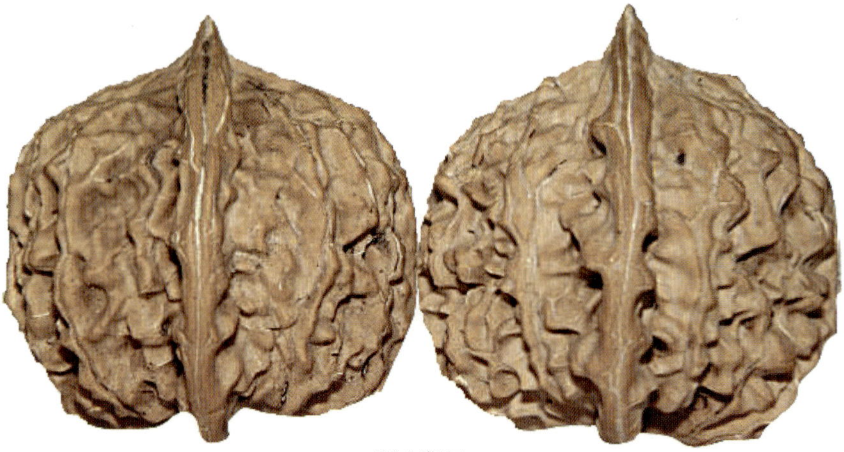

野生狮子

因帝王、贵胄和文人的参与，玩核桃不仅成为人们日常生活中最便利的健身方式之一，还被赋予了浓厚的文化内涵。现今，不少人有吃核桃健脑、揉核桃健身、赏核桃养心的健康观念。

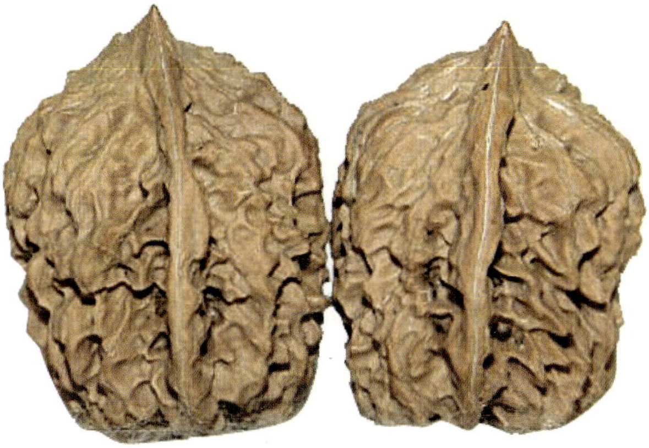
一道筋

十字尖

玩核桃时，人们利用核桃的尖头、凸起和棱角，以揉、搓、压、扎、捏、蹭、滚等活动双手，压扎掌上穴位，刺激手上反应区，达到舒脉通络、活血化瘀、强身健体的效果。核桃皮厚质坚，经过长期的手的搓揉、汗的浸润、油脂的渗透，最后成为一件亮里透红，不是玛瑙胜似玛瑙的自然艺术品。在玩核桃的人们的心目中，核桃不仅是健身之物，也不仅是艺术品，而是集把玩、健身、观赏于一身的掌上明珠。

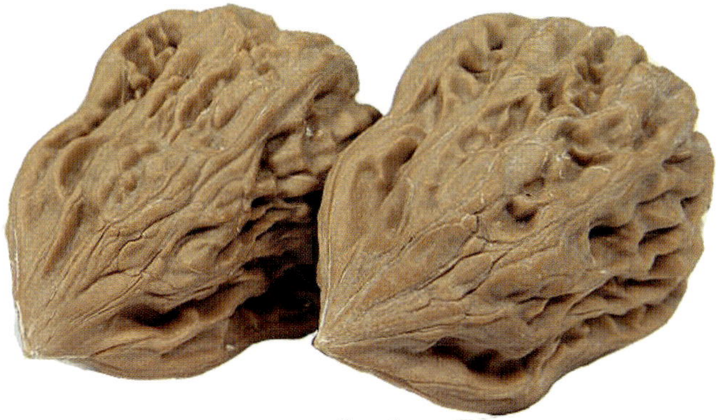
花　生

● 总 策 划

王丙杰　贾振明

● 责任编辑

杜　力

● 排版制作

腾飞文化

● 编 委 会（排序不分先后）

玮　珏　苏　易　方世平

孔一博　白天宇　齐子辰

沈子昂　舒　婧　马天奇

● 责任校对

李新纯

● 版式设计

丁　洋

● 图片提供

贾　辉　马保亮　赵会坡

http://www.nipic.com

http://www.huitu.com

http://www.microfotos.com